베이징 후통의 중국사

조선의 독립운동가부터 중국의 혁명가까지

베이징 후통의 중국사
조선의 독립운동가부터 중국의 혁명가까지

초판 1쇄 인쇄 2019년 10월 17일
초판 1쇄 발행 2019년 10월 25일

지은이 이창구

펴낸이 이상순 **주간** 서인찬 **편집장** 박윤주 **제작이사** 이상광
기획편집 최은정, 박월, 김한솔, 이주미, 이세원 **디자인** 유영준, 이민정
마케팅홍보 이병구, 신희용, 김경민 **경영지원** 고은정

펴낸곳 (주)도서출판 아름다운사람들
주소 (10881) 경기도 파주시 회동길 103
대표전화 (031) 8074-0082 **팩스** (031) 955-1083
이메일 books777@naver.com
홈페이지 www.books114.net

생각의길은 (주)도서출판 아름다운사람들의 교양 브랜드입니다.

ISBN 978-89-6513-567-8 03910

이 도서의 국립중앙도서관 출판예정도서목록(CIP)은 서지정보유통지원시스템 홈페이지(http://seoji.nl.go.kr)와
국가자료종합목록시스템(http://www.nl.go.kr/kolisnet)에서 이용하실 수 있습니다. (CIP제어번호 : CIP2019039758)

베이징 후퉁의 중국사

조선의 독립운동가부터 × 중국의 혁명가까지

이창구 지음

베이징 후통에서 찾은
보물들

"베이징은 보는 곳이 아니라 듣는 곳이다."

베이징 토박이를 뜻하는 라오베이징老北京들은 천년 고도古都 베이징을 이렇게 설명한다. 외국 관광객들이 천안문 광장, 자금성, 경산공원, 북해공원, 이화원, 만리장성, 왕푸징 등을 하루나 이틀 코스로 둘러보고 "베이징, 규모만 컸지 별거 아니네"라고 쉽게 평가하는 데 대한 일침이다. 그뿐 아니라, 눈으로 훑어봐서는 베이징의 가치를 절대 이해할 수 없고 귀를 열고 듣고 배워야만 역사적 무게와 인문학적 가치를 비로소 볼 수 있다는 뜻이기도 하다.

특히 비행기로 두 시간이면 도착하는 베이징은 한국인들에게 '쉬운' 도시로 여겨진다. 단지 거리가 가까워서 베이징이 쉽게 느껴지는 것은 아닐 테다. 여행이나 사업, 출장 때문에 누구나 한 번은 가본 곳이고, 한국 어디에서든 중국인을 만날 수 있기 때문에 익숙하다고 생각한다. 우리는 학창시절 역사 시간에 중국사를 웬만큼은 다 배웠고 뉴스에서도 중국 얘기가 자주 나와 중국에 대한 나름의 관점도 갖고 있다. 더욱이 1980년대 이후 중국 경제가 발전하는 데 한국 기업의 돈과 기술이 마중물 역할을 한 것에 대한 우월감이 아직 남아 있으며, 시민의식도 우리가 한 수 위라는 자부심도 있다. 이 때문에 한국 사람에게 베이징은 배우러 가는 곳이 아닌 돈 벌러 가는 곳이라는 인식이 강하다. 실제로 2015년 1월부터 2018년 6월 까지 3년 6개월을 베이징에 사는 동안 필자가 만난 한국 사람들은 대부분 기업 관계자나 자영업자들이었다.

그러나 베이징은 우리 생각처럼 그렇게 만만한 도시가 아니다. 중국 관련 서적 한두 권 읽은 사람이 "중국은 이렇다"라고 단정 지어 말하지만, 평생 중국을 연구한 사람은 "아직 중국을 잘 모르겠 다"라고 한다. 베이징대학에서 학생들을 가르치는 한국인 교수 한 분은 "여전히 눈을 감고 코끼리를 더듬는 기분"이라고 실토했다. 실상이 이러할진대 중국의 역사와 권력, 민초들의 삶이 농축된 베 이징을 한두 번 보고 "별거 아니네"라고 말하는 사람은 무식을 넘 어 용감하다 할 만하다. 더욱이 베이징은 고려, 조선의 사신, 장사 꾼, 민초들이 수도 없이 드나들던 땅이며, 일제 강점기 많은 독립투 사들이 둥지를 틀었던 곳이자, 근래 들어서는 우리 기업들이 돈을 쓸어 담았던 곳이다. 수만 명의 한국 교포들에겐 여전히 소중한 삶의 터전이기도 하다.

이런 도시를 '쉽게' 보지 않고 '의미 있게' 듣는 방법은 무엇일까? 나는 그 해답을 베이징의 전통 뒷골목인 후통胡同에서 찾았다. 2년여 동안 주말마다 후통에 가서 가만히 귀를 기울이니 중국의 역사와 민중들의 삶은 물론 한국인들의 발자국 소리도 조금씩 들리기 시작했다.

베이징은 중국 대륙을 통일했던 원, 명, 청 3대 왕조의 도읍지였고, 지금은 중화인민공화국의 심장 역할을 하는 수도다. 거대한 고도 중심부에 실핏줄처럼 뻗은 3,000여 개의 후통에는 얼마나 많은 이야기들이 잠자고 있을까? 나의 호기심은 여기에서 출발했다. 처음에는 서울 종로의 뒷골목과 비슷할 것이라고 생각했다. 그러나 꾸불꾸불하고 무계획적인 서울의 뒷골목과는 완전히 다르다는 걸 알아채는 데는 그리 오랜 시간이 걸리지 않았다. 가장 큰 차이는 베이징 후통은 멀게는 원나라 건국 시기인 800년 전부터, 가깝게는 청나라 건국 이후인 400년 전부터 치밀하게 계획된 거리라는 사실이다.

몽고족은 원나라를 세우고 수도를 난징南京. 남경에서 베이징北京. 북경으로 옮긴 뒤 사통팔달의 대로를 닦았다. 창장長江(양쯔강)의 물을 베이징으로 끌어오는 대운하 건설은 수나라 때 시작됐지만, 운하를 완성하고 본격적으로 뱃길로 이용한 것은 원나라였으니, 몽고족의 주도면밀함이 놀랍기만 하다.

원나라는 대로뿐만 아니라 대로와 대로를 잇는 작은 골목길도 곧게 냈다. 그 골목들이 지금 남아 있는 후통의 원형이다. 명대와 청대를 거치며 후통에는 전통 사합원 형태를 띠는 저택들이 들어섰다. 청나라 때는 황제의 직계 가족만이 자금성紫禁城에 살 수 있었기 때문에 황제 자리에 오르지 못한 형제자매들은 자금성에서 가장 가까운 후통에 자금성보다는 작은 궁궐인 왕푸王府. 왕부를 지었다. 황족이 아닌 고관대작들은 왕푸 밖 후통에 저마다 저택을 지었다. 후통을 따라 권력과 부가 동심원처럼 퍼져 나간 셈이다.

1980년대 덩샤오핑鄧小平의 개혁개방 정책 이후 급격한 도시화를 거치면서 도심의 후통들은 속속 재개발되었고, 지금은 옛 정취를 잃은 곳이 많다. 베이징 외곽에 수많은 베드타운이 건설되면서 도심에 남아 있던 후통에서는 공동화 현상이 벌어지기도 했다. 미처 후통을 떠나지 못한 라오베이징들은 큰 사합원에 들어가 각각의 방에 다닥다닥 붙어살았다. 지금도 시내 중심부 후통에 있는 사합원에 들어가면 30~40 가구가 모여 사는 모습을 흔히 볼 수 있다.

지금 남아 있는 후통의 대부분은 동서 또는 남북으로 곧게 뻗어 있다. 애초부터 계획된 골목이었기에 재개발의 광풍 속에서도 길의 방향과 형태만큼은 유지하고 있다. 후통끼리 방사형으로 연결됐기 때문에 미로 같은 서울의 골목과는 달리 초행이라도 길을 잃을 염려가 별로 없다. 아무리 낯선 후통에 들어서도 쭉 직진해 나오면 큰 도로가 보이고, 큰 도로를 조금만 걸으면 지하철역이 나온다.

특히 한국인이 찾아볼 만한 가치가 있는 후통은 대부분 자금성을 중심으로 2환環 내에 몰려 있다. 서울로 치면 사대문 안이다. 코리아타운으로 유명한 왕징望京은 4환과 5환 사이 북동쪽●에 위치한 베드타운이어서 유서 깊은 후통은 거의 없다. 자금성을 중심에 두고 동서남북으로 10킬로미터 내에 보물 같은 후통들이 밀집해 있

● 서울로 치면 노원구쯤 된다.

다고 보면 된다. 권력과 부가 집중됐던 이곳에는 청말 중화민국 초기 대륙의 운명을 좌우했던 권세가들, 공산주의 혁명가들, 베이징에서 독립운동을 벌였던 우리 선조들의 발자취가 고스란히 남아 있다. 누구나 관심을 조금만 기울이면 후통이 들려주는 이야기를 들을 수 있다는 건 행복한 일이다.

이창구

제 1 장

✕

독립운동가의
숨결이 깃든 거리

✕

후통 답사 1번지,
난뤄구샹에서 만난 신채호

난뤄구샹南鑼鼓巷, 남라고항은 중국 정부가 전통 후통을 홍보하기 위해 의도적으로 보존하고 개발한 관광 특구다. 관광버스에서 내린 한국 관광객들이 1시간 정도 거리를 돌며 전통 음식을 맛보고 기념품을 구경하는 모습을 흔히 볼 수 있다. 외국인들로 1년 내내 붐비는 인기 관광지지만, 이 후통이 어떤 의미를 갖는지 알고 돌아가는 사람은 별로 없을 것이다. 난뤄구샹의 사전적 의미는 옛날 시각을 알릴 때 종과 북이 울리던 종루鐘樓와 고루鼓樓의 남쪽에 있는 골목巷이라는 뜻이다. 라鑼는 종 또는 징, 고鼓는 북을 뜻한다.

관광객들은 대부분 남북으로 곧게 뻗은 800미터 가량의 도로를 걷는 것으로 베이징 후통의 맛을 대충 느꼈다고 생각할 것이다. 그러나 난뤄구샹이라는 등줄기에 갈비뼈처럼 동서로 나뉘어 붙은 16개 후통들을 하나씩 걸어 봐야 제맛을 느낄 수 있다.

특히 한국인이라면 난뤄구샹 초입의 동쪽(오른쪽)에 위치한 차오더우炒豆. 초두 후통 앞에서는 옷깃을 여미여야 한다. 단재 신채호 선생이 1921년 1월부터 1922년 여름까지 머물렀던 골목이기 때문이다. 이곳에서 신채호 선생은 장남 신수범을 낳았고, 중국어 독립운동 잡지인 「천고天鼓」를 발행했다. 월간지 「천고」는 7호까지 발간됐다고 알려졌는데, 현재 베이징대 도서관에 1~3호가 소장돼 있다. 신채호 선생은 심산 김창숙 선생의 도움을 받아 한국 독립운동의 당위를 중국인들에게 알리기 위해 중국어로 이 잡지를 펴냈다. 놀라운 점은 신채호 선생이 중국 식자층보다 더 유려한 한문 글 솜씨를 자랑했다는 사실이다.

독립운동가이기 전에 역사학자이자 기자였던 신채호는 천재적인 글쟁이였다. 조선혁명선언(의열단선언)과 같은 역사에 길이 남을 각종 독립운동 선언문을 쓴 것도 그의 필력을 따라갈 인물이 없었기 때문이다. 신채호 선생은 베이징에 머물 당시 현지 신문인 중화보 등에 논설과 사설을 기고했는데, 그가 글을 쓰면 판매 부수가 30퍼센트 이상 증가했을 정도로 중국 독자들에게 큰 호응을 받았다. 한눈에 한문을 10줄씩 읽어 내려가는 신채호 선생의 천재성에 중국인들도 혀를 내둘렀다.

신채호 선생이 차오더우 후통의 어느 집에 살았는지를 정확히 알려 주는 자료는 없다. 다만, 신채호의 단편 소설 『백세 노승의 미인담』에 몽고 장군 이야기가 나오는 것을 힌트로 상상력을 발휘해 볼 수는 있다. 차오더우 후통 중간쯤에 청대 말기 몽고족 장군의

단재 신채호 선생이 1921년부터 1922년 여름까지 살았던 차오더우 후통 초입

고택인 썽왕푸僧王府, 승왕부가 있기 때문이다.

썽왕푸는 청말 명장인 썽거린친僧格林沈, 승격림심이 살던 곳이다. 황족이 아닌데도 그가 살던 집에 왕부라는 명칭이 붙은 것은 썽거린친이 구국의 공을 세웠기 때문이다. 썽거린친은 1855년 1월 베이징으로 진군해 온 반청, 반외세 농민군인 태평천국의 군대를 진압했고, 1859년에는 톈진 다구커우 항구에서 영불 연합해군을 대파했다. 다구커우항 승리는 1840년 아편전쟁 이후 중국이 서양 군대와 싸워 이긴 처음이자 마지막 승리다. 청의 함풍제는 썽거린친에게 황족만이 누리던 직위와 재산을 영구 세습할 수 있는 '철모자왕鐵帽子王' 작위를 수여했다. 한국에서 공무원을 '철밥통'으로 부르듯 중국에서도 공무원과 국영기업 직원들을 '철모자왕'이라고 부르는데, 그 근원은 이러한 청나라 때 황족들의 직위 및 재산 세습에서 비롯됐다.

그러나 썽거린친은 1860년 최신식 라이플 소총으로 무장한 영불 연합군에게 몽고 기마병식 전술로 대항하다가 패배했다. 이른바 '베이징 함락' 사건으로 서양 군대에 베이징이 함락된 최초의 사태였다. 중국 정부는 당시 영불 연합군에 철저히 파괴된 황실정원 원명원圓明園을 지금도 폐허 상태 그대로 남겨 놓고 있다. 아픈 역사를 거울로 삼기 위함이다.

썽왕푸는 지금 낡은 민가로 전락했다. 그러나 대지 면적만 보면 차오더우 후통 대부분을 차지할 정도로 규모가 크다. 한편 신채호의 소설 『백세 노승의 미인담』은 고려에서 납치당한 아내를 찾

썽거린친 장군이 살았던 저택

아 나선 고려 노승의 이야기를 그리는 소설이다. 소설 속에서는 아내가 머물던 집이 몽고 장군의 대저택으로 묘사된다. 썽거린친은 몽고족 출신 장군이었다. 그리고 이 소설을 쓸 때 단재는 차오더우 후통에 살고 있었다. 아마도 썽왕푸 저택 곁방이나 주변 민가에 세들어 살면서 소설을 썼을 수도 있다.

단재丹齋 신채호(1880~1936)는 우당友堂 이회영(1867~1932), 심산心山 김창숙(1879~1962)과 함께 '베이징 3걸傑' 또는 '베이징의 세 불꽃'으로 불린다. 상하이 임시정부와는 결이 다른 아나키즘을 바탕으로 한 무장독립투쟁 노선을 견지한 베이징 독립운동의 3대 축이었기 때문이다. 당시 베이징은 신사상 운동의 용광로였고, 군벌의 쟁투가 벌어지는 혼돈의 장이었으며, 외세의 격전장이기도 했다. 우리 독립투사들에게는 만주를 거쳐 신의주, 평양, 경성까지 철도로 갈 수 있는 독립운동의 요충지이자 거점이었다.

1919년 4월 11일 상하이에서 출범한 대한민국임시정부는 의원내각제를 채택해 초대 국무총리로 이승만을 선출했다. 이승만은 미국 대통령 우드로 윌슨에게 청원서를 보내 미국 중심의 국제연맹이 한국을 위임통치해야 한다고 주장했다. 이에 격분한 이회영, 신채호, 김창숙은 이승만의 외교독립론에 강하게 반발하며 차례로 베이징으로 옮겨 왔다. 이들은 베이징에서 의열단, 다물단 등 무장투쟁단체를 지원하며 독립투쟁을 벌였다. 신채호는 상하이 임시정부 의정원 회의에서 "이승만은 이완용보다 더 큰 역적이다. 이완용은 있는 나라를 팔아먹었지만, 이승만은 아직 나라를 찾기도 전에 팔아먹은 자"라고 일갈했다. 신채호는 의정원 회의가 끝난 뒤 미련 없이 베이징으로 발길을 돌렸다.

신채호·박자혜 부부가
신접살림을 차린 곳, 진스팡제

베이징이 신채호 선생의 주요 활동 무대였던 만큼 여러 후통 곳곳에 그의 발자취가 남아 있다. 지하철 푸청먼역 부근에 있는 진스팡제錦什坊街. 금십방가 21호는 단재가 1920년 4월 부인 박자혜 여사와 신접살림을 차린 집이다. 독립이라는 과녁을 향해 시위를 떠난 화

신채호, 박자혜 부부가 신혼살림을 차렸던 진스팡제 21호 외관

살처럼 맹렬하게 날아간 단재의 고된 삶에서 그나마 달콤했던 신혼의 추억이 남아 있는 곳일 테다.

신채호와 박자혜의 결혼을 중매한 사람은 이회영 선생의 부인 이은숙 여사였다. 당시 이회영은 베이징의 독립투사들에게 큰 형님 혹은 아버지와 같은 존재였다. 특히 열세 살 아래인 신채호를 아끼는 마음이 각별했다. 이은숙 여사도 남편의 평생 동지인 신채호의 곧은 성품과 천재성을 아끼던 차에 조선에서 독립운동을 하다 베이징으로 피신해 온 간호사 박자혜를 알게 됐고, 그녀를 신채호에게 소개했다. 신채호는 그녀보다 열다섯 살이나 연상이었다.

걸출한 여성 독립운동가였던 박자혜(1895~1943) 여사는 원래 궁궐의 나인이었다. 경술국치 때 출궁해 조선총독부의원 부속 의학강습소에서 간호학을 배웠다. 졸업 후 조선총독부의원 간호부에서 근무하다가 3.1 운동 때 민족대표 33인 중 한 사람인 이필주 목사를 알게 된 후 '간우회'를 조직해 만세운동을 펼쳤다. 간호사 동맹 파업까지 주도하다가 일경에 쫓기는 신세가 됐다. 여사는 만주 봉천행 열차에 몸을 실었고, 그곳에서 석운 우응규 선생을 만났다. 우응규는 지인에게 박자혜가 베이징의 후이원匯文. 회문대학 의학과에 편입할 수 있도록 부탁했다. 박자혜 여사는 이 덕택에 후이원대학에 들어가 의학을 체계적으로 공부할 수 있었다. 후이원대학에서 공부하며 베이징의 최대 병원이었던 셰허協和. 협화의원에서 간호사로 일하던 중 이은숙 여사의 소개로 신채호를 만난 것이다. 당시 박자혜의 나이는 스물네 살이었고, 신채호는 첫 부인과 헤어진 뒤

10년째 독신 생활을 이어 가던 중이었다.

　박자혜 여사와 신채호 선생은 진스팡제 후통에서 살다가 1921년 난뤄구샹에 있는 차오더우 후통으로 옮긴 뒤 큰아들을 낳았다. 박자혜 여사는 이듬해 경제적인 궁핍 때문에 둘째아들을 임신한 채 귀국했다. 신채호가 받는 원고료만으로는 생계를 이어 갈 수 없는 상황이었다. 귀국 후 박자혜 여사는 인사동에 '박자혜 산파'라는 산부인과를 차리고 베이징에 남은 남편과 연락하며 국내 독립운동을 지원했다. 의열단 소속 나석주 의사가 중국에서 몰래 들어와 동양척식주식회사에 폭탄을 투척하고 자결할 때 길 안내를 맡은 인물도 박자혜 여사였다. 나석주는 김창숙과 신채호가 마련해 준 권총과 실탄, 폭탄 두 개를 숨겨 중국인으로 위장해 인천항으로 잠입한 상태였다.

　박자혜 여사는 1936년 남편이 중국 뤼순 감옥에서 순국한 이후 1942년 둘째아들마저 영양실조로 죽자 삶의 의미를 잃었다. 이듬해 홀로 쓸쓸히 병사했다. 만주에 있던 큰아들 신수범이 소식을 듣고 달려왔지만, 여사의 시신은 이미 화장돼 한강에 뿌려졌다. 박자혜 여사는 신채호 선생이 뤼순 감옥에서 순국했을 때 '가신 임 단재 영전에'라는 글을 썼다.

　"당신은 늘 말씀하셨지요. 나는 가정에 등한한 사람이니 미리 그렇게 알고 섭섭해하지 말라고…… 아무 철을 모르는 어린 생각에도 당신 얼굴에 나타나는 심각한 표정에 압도되어 '과연 내 남편은 한 가정보다 더 큰 무엇을 위하여 싸우는 사람이구나'라고 말하며 당신 무릎 앞에 엎드린 일이 있지 않습니까. 그 열과 성의와 용기를 다 어떻게 하셨습니까. 영어의 몸이 되어서도 아홉 해를 두고 하루같이 오히려 내게 힘을 북돋아 주시던 당신이 아니었습니까."

신채호와 박자혜 부부가 신혼살림을 꾸렸던 진스팡제 21호는 주변의 재개발에도 불구하고 아직 남아 있다. 21호 안에는 10여 가구가 모여 살고 있어 주인 허락 없이는 함부로 내부에 들어갈 수 없다. 문밖에서 보아도 고단한 노동으로 하루하루 살아가는 베이징 서민들의 삶이 읽힐 정도로 남루한 집이다. 나라를 되찾기 위해 죽기를 각오한 부부가 남루한 방에서 독립의 꿈을 꾸며 서로 의지

진스팡제 21호 내부 모습

했을 모습을 상상하면 숙연해진다. 비록 허름한 상태로라도 되도록 오래 진스팡제 골목에 이 주택이 남아 있길 바란다.

5.4 운동 발원지에서 만난
신채호, 이회영 그리고 마오쩌둥

아나키스트였던 신채호와 이회영이 문지방이 닳도록 드나들었던 곳이 있다. 바로 자금성 뒤쪽 징산京山. 경산 공원 옆 5.4 따제大街. 대가 에 있는 베이다홍러우北大紅樓. 북대홍루다. 5.4 따제는 1919년 일어난 5.4 운동을 기리기 위해 조성된 거리다. 붉은紅 건물樓인 베이다홍 러우는 예전에 베이징대학교가 들어섰던 건물이다. 신채호와 이회 영은 바로 이곳에서 중국의 아나키스트들은 물론 초기 공산주의 지도자들과 교류하며 아나키즘과 사회주의 사상을 벼리고 다졌다. 우리는 아나키즘을 무정부주의로 쉽게 해석하면서 정부를 전복하 려는 무질서한 폭력 사상으로 이해하는 경향이 있다. 그러나 임시 정부의 분열과 독립운동의 침체가 일부 권력욕에 사로잡힌 이들의 탓이라고 믿었던 신채호와 이회영에게는 베이다홍러우에서 접한 '지배가 없고, 강권이 없고, 착취가 없는' 세상을 꿈꾸는 아나키즘 의 테제가 한줄기 빛이었을 것이다.

2019년, 5.4 운동 100주년을 맞아 중국 공산당은 사회주의 혁 명 사상의 시발점으로 여겨지는 5.4 운동을 대대적으로 조명했다.

옛 베이징대 건물 베이다훙러우 본관

그러나 5.4 운동은 단순히 사회주의 운동의 도화선 역할만 한 게 아니다. 수명을 다한 봉건왕조를 대신해 새로운 국가를 건설하려는 새롭고 다양한 사상들이 5.4 운동을 계기로 동시다발적으로 분출됐다. 신사상의 에너지는 일제에 대한 저항으로 폭발했다. 조국을 잃은 한국의 아나키스트들 역시 5.4 운동의 한복판에 있었다.

5.4 운동의 전개 과정을 살펴보면, 당시 제1차 세계대전이 끝나자 전범국 독일에 대한 전승국인 일본, 영국, 프랑스, 이탈리아, 미국 등이 파리에서 평화회의를 개최했다. 독일은 이 회의에서 자신이 지배하던 산둥성 칭다오를 일본에 양보하라는 일본의 요구를 받아들였다. 산둥성이 중국으로 반환되는 게 아니라 일본의 손으로 들어가는 상황을 베이징 군벌정부는 무기력하게 지켜봤다.

이에 격분한 베이징대학교 학생들이 교정인 베이다훙러우를 뛰쳐나와 톈안먼 광장으로 행진했다. 하지만 위안스카이遠世凱, 원세개 군벌정부는 시위를 무자비하게 진압했다. 무력 진압은 더 큰 저항을 불렀다. 시위가 전국으로 확산됐고, 결국 군벌정부는 평화회의 결과를 거부할 수밖에 없는 상황에 이르렀다.

5.4 운동을 계기로 신사상의 에너지가 분출하는 것을 확인한 소련은 밀사 보이틴스키G. Voitinsky를 중국으로 파견했다. 보이틴스키는 초기 공산주의 운동을 이끌던 리다자오李大釗, 이대소와 천두슈陳獨秀, 진독수를 비밀리에 만나 중국 공산당 결성을 도왔다.

5.4 운동은 대학생들이 주도했지만, 전체적인 밑그림을 그리고 학생들을 지도한 인물은 베이징대 총장인 차이위안페이蔡元培, 채원

배였다. 중국 근대 교육의 선구자인 차이위안페이는 5.4 운동이 일어나기 전에 리다자오와 천두슈, 루쉰 등 당대의 사상가와 문학가들을 대거 베이징대 교수로 초빙해 베이징대를 신사상의 용광로로 만들어 놓았다. 차이위안페이 총장의 든든한 후원 아래 천두슈와 리다자오는 5.4 운동을 이끌었고, 이를 자양분 삼아 공산당 창당에 박차를 가했다.

오늘날 베이징대학교가 라이벌인 칭화대학교와 달리 인문학에 강한 것은 5.4 운동의 영향일 수도 있다. 철학과 역사학 등 인문학에 강한 베이징대는 중국의 사상을 이끈다는 자부심이 상당하다. 반면, 공학과 경제학에 강한 칭화대는 경제 발전을 이끈다고 자부한다. 이런 측면에서 봤을 때 1989년 톈안먼 시위를 베이징대 학생

5.4 운동을 기리기 위해 조성된 5.4 따제. 붉은 건물이 옛 베이징대 건물이다.

들이 주도한 것은 결코 우연이 아니다. 중국에서 톈안먼의 비극이 잊힌 지 오래지만, 지금도 베이징대 학생들 중에는 톈안먼 시위를 이끌다가 희생된 선배들을 기억하는 이들이 있다.

차이위안페이, 천두슈, 리다자오가 베이징대의 신사상을 주도할 때 청년 마오쩌둥은 도서관 제2열람실* 사서였다. 15종의 국내외 신문을 매일 정리하며 받은 월급은 당시 돈으로 8위안이었다. 이때 도서관장은 리다자오였다. 베이다훙러우에 기록된 마오쩌둥 어록에는 "천두슈와 리다자오의 영향으로 마르크스주의 신앙을 갖게 됐다"라고 적혀 있다.

베이징에 온 지 5년이 된 신채호는 신사상의 요람이었던 베이다훙러우를 매일 드나들며 굶주린 지적 욕구를 채웠다. 특히 의열단의 핵심 브레인이었던 류자명(1894~1985)이 신채호를 리다자오와 중국 아나키즘의 선구자인 리스쩡李石曾, 이석증에게 소개시켜 주면서 신채호는 베이징대 도서관을 자유롭게 출입할 수 있게 됐다. 이 시기 베이징대 교수로 재직했던 러시아 맹인 시인 바실리 예로센코 (1890~1952)는 리스쩡과 함께 신채호와 이회영이 아나키스트의 길로 접어드는 데 가장 큰 영향을 준 인물이었다.

충북 충주 출신 류자명은 1927년 난징에서 국제 아나키스트들과 연대해 '동방피압박민족연합회'를 조직했고, 1943년에는 임시정부 학무부 차장을 지냈다. 1950년 이후에는 마오쩌둥의 고향인

---

* 신문, 잡지 열람실

베이징대 학생들이 5.4 운동 당시 시위를 준비하기 위해 모였던 학생회 회의실

마오쩌둥이 사서로 일했던 제2열람실

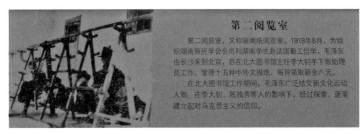

마오쩌둥은 천두슈 리다자오 교수의 영향을 크게 받았다고 회고했다.

후난성 창사에서 대학교수로 재직하며 중국 최고의 원예학자가 됐다. 신채호가 자금성 문연각에 보관돼 있던 『사고전서』를 한국인 최초로 열람하게 된 것도 류자명이 소개해 준 리다자오 및 리스쩡과의 인연 때문이었다.

베이다훙러우는 현재 '베이징 신문화운동기념관'으로 쓰인다. 중국의 중고생들이 반드시 찾아야 하는 애국주의 교육 현장이기도 하다. 5.4 운동 당시 대학생들이 격문을 썼던 현수막과 시위 계획을 짰던 학생회의실, 차이위안페이 총장과 리다자오, 루쉰이 학생들을 가르쳤던 강의실, 마오쩌둥이 일했던 도서관 등이 그대로 남아 있다. 공산주의 혁명의 역사를 배우기 위해 중국 중고생들이 끝없이 넘다드는 그 문턱을 신채호와 이회영도 무수히 넘나들었을 것이다. 조국의 완전한 해방과 착취 없는 세상을 꿈꾸며.

혁명의 불꽃들이 머물던
셰허병원

신채호 선생의 부인이자 동지, 가장 든든한 후원자였던 박자혜 여사는 1919년 3.1만세운동을 주도하다가 만주를 거쳐 베이징에 들어와 후이원대학 의학과에 편입했고, 신채호와 결혼했으며, 셰허병원에서 간호사로 일했다.

후이원대학교는 1871년 미국 선교사들이 하버드대학교의 도움을 받아 세운 중국 최초의 근대 대학교 중 하나다. 박자혜 여사가 편입학한 해였던 1919년에 옌징燕京, 연경대학교로 이름이 바뀌었다. 옌징대학은 베이징대의 전신인 징스京師, 경사대학교와 함께 당시 중국을 대표하는 대학이었다. 옌징대학은 1949년 중국 공산당이 중화인민공화국을 수립한 직후 단과대별로 분리돼 다른 대학에 흡수됐다. 문과와 이과는 베이징대로 편입됐으며, 공학 계열은 칭화대로, 법학과와 사회계열은 정법대로 흡수됐다. 베이징대, 칭화대, 정법대가 각각 인문, 공학, 법학에서 세계 유수의 대학 반열에 오른 건 옌징대학에 그 뿌리를 두고 있다고 해도 과언이 아니다.

박자혜 여사는 1920년 셰허병원이 문을 열자 간호사로 들어가 일을 했다. 미국 록펠러재단의 자금으로 설립된 셰허병원은 지금도 베이징대 의과대학 부속 병원보다 더 큰 영향력을 발휘한다. 중국에서 가장 유명하고 의술이 뛰어난 서양식 병원이다. 특히 산부인과가 강하다. 셰허병원은 한국 관광객들이 즐겨 찾는 번화가인 왕푸징王府井, 왕부정 거리에서 그리 멀지 않은 곳에 있다. 본관 건물이 예전 그대로 고풍스럽게 보존돼 있다.

흥미로운 것은 셰허병원에 족적을 남긴 한국인이 박자혜 여사만이 아니라는 사실이다. 님 웨일스가 쓴 전기 『아리랑』을 통해 알려진 신화와 같은 독립운동가 김산•(1905~1938)도 셰허병원과 인연이 깊다. 평안북도 용천 출생인 김산은 중학생 신분으로 1919년 3.1

• 본명은 장지락이다.

운동에 참가한 뒤 일본에 유학을 갔다가 독립운동을 벌이기 위해 상하이로 떠났다. 상하이에서 안창호, 김원봉, 오성륜, 이동휘 등과 교류하며 민족주의와 아나키즘에 눈을 떴다. 그러던 중 김산은 '훌륭한 의사가 되겠다'는 큰형과의 약속을 지키기 위해 1922년 베이징으로 와 국립베이징의학전문학원*에 입학했다. 의대생이었던 김산이 1925년 공산주의자가 돼 중국 공산혁명에 참여하기 위해 광둥으로 떠나기 전까지 셰허병원에서 실습을 하며 의술을 익혔다.

김산은 의열단의 지도자 오성륜과 함께 장제스가 공산주의자들을 토벌하는 바람에 쑥대밭이 된 광둥에 들어가 무장 폭동을 주도했다. 중국 최초의 사회주의 해방구인 광둥 코뮌을 개척한 장본인이다. 광둥 코뮌은 3일 천하로 끝났지만, 곧이어 하이루펑에서 소비에트赤區, 적구를 개척했다. 광둥 코뮌과 하이루펑 소비에트 건설은 마오쩌둥이 직접 관여하지 않은 투쟁이어서 중국 공산당이 높게 평가하지 않는 경향이 있지만, 중국 사회주의 혁명 역사에서 빼놓을 수 없는 대사건이다.

광둥 코뮌의 붕괴, 하이루펑 전투에서의 패배로 죽을 위기를 수차례 넘기며 상하이로 겨우 피신한 김산은 1929년 베이징으로 돌아와 지하활동을 하며 베이징 공산당 위원회의 핵심 인물이 됐다. 화베이華北, 화북조직위원회 위원을 겸한 그는 사실상 베이징 위원회의 총책임자였다. 중국공산당과 조선공산당을 연결시키기 위해 만

● 현 베이징대 의학부

주로 파견되기도 했다. 베이징과 화북, 동북 지역 지하운동을 지도
하던 김산은 1930년 11월 베이징에서 체포됐다. 국민당 정부와 일
본 헌병 모두 그의 목숨을 탐내던 차였다. 중국 경찰과 중국 내 일
본 헌병의 고문으로 만신창이가 된 김산은 톈진을 거쳐 신의주 감
옥으로 옮겨져 또다시 고문을 당했다. 공산주의 무장투쟁과 조선
독립 유혈투쟁을 김산이 주도했다는 확실한 증거를 잡지 못한 국
민당 정부와 일제는 그를 석방했다. 1931년 6월 초주검 상태로 베
이징에 돌아왔다.

　하지만 중국 공산당은 조선인 김산을 반기지 않았다. 오히려 김

산이 일본의 첩자라는 중상모략 보고서가 나왔고, 극좌파인 리리산李立山, 이입산 주의자라는 평가서도 나왔다. 모두 상하이에서 함께 활동하던 조선인 동료가 쓴 보고서였다. 김산이 중앙당에서 배제되면서 베이징의 당 조직도 와해됐다. 고문 후유증과 정신적 고통으로 지독한 폐결핵을 앓은 김산이 몸을 눕힌 곳은 자신이 과거 의술을 연마했던 셰허병원이었다. 김산은 병원에 누워 아름다운 조국 강산을 떠올렸고 어린 시절 읽었던 괴테, 톨스토이, 키츠, 잭 런던의 책을 읽고 또 읽었다. 1932년 누명이 풀려 지하활동을 재개할 때까지 김산은 셰허병원에서 몸과 마음을 추슬렀다. 속으로는 더욱 단단해지고 겉으로는 유해지는 혁명가의 면모를 완성하던 시기다. 안타까운 것은 지금 셰허병원 어디에도 김산의 행적이 남아있지 않다는 점이다. 그저 불꽃처럼 살다 간 김산의 모습을 상상할 뿐이다.

김원봉의 의열단이 암약했던 거리,
와이자오부제

셰허병원 옆에는 중화성경회中華聖經會 옛 건물이 있다. 현재 베이징시 기독교 교무위원회 건물로 쓰이는 이곳은 1920년 당시 고려기독교청년회 본부가 세를 살고 있었다. 베이징 기독교청년회YMCA 건물이기도 했던 이곳에서 도산 안창호(1878~1938) 선생은 고려기독

안창호와 신채호가 한국 유학생을 상대로 강연하던 베이징 기독교청년회 건물

교청년회 회원들을 상대로 애국심을 고취하는 강연회를 자주 열었다. 타고난 웅변가이자 정치가였던 안창호의 연설에 감화된 조선 청년들이 대거 안창호가 설립한 흥사단에 가입하기도 했다.

고려기독교청년회는 1920년 이대위, 문승찬, 이용설, 장자일 등이 주축이 돼 조직했다. 당시 이대위와 문승찬은 베이징대에 다니고 있었다. 이용설은 세브란스의전 졸업을 앞두고 3.1만세 운동을 주도한 뒤 망명해 셰허병원에서 일하고 있었다. 기독교 청년단체라기보다는 독립운동단체에 가까울 정도로 독립 의식이 강한 조직이었고, 한인 교회의 구심점이기도 했다.

중화성경회 옛 건물 맞은편에 있는 와이자오부제外交部街, 외교부가도 우리가 꼭 기억해야 할 중요한 거리다. 중화민국 초기 외교부가

의열단 거리의 셰허병원 요양시설

이곳에 들어섰기 때문에 외교부길이라는 이름이 붙었다. 지금은
흔적을 찾을 수 없지만, 이 거리에는 김원봉이 이끄는 의열단 본부
가 있었다. 의열단은 300여 차례에 걸친 의열 활동*으로 일제가 가
장 두려워했던 무장 독립투쟁 단체다. 의열단원들이 일제의 감시
를 피해 이 골목으로 어둠처럼 스며들었을 것을 상상하면 지금도
손에 땀이 밴다.

이 거리에는 셰허병원에 딸린 고급 주택 밀집 구역이 있다.

● 일본 침략자 및 친일파 처단 활동

1920년대에 미국 별장을 본떠 만든 주택 지구는 지금은 병원 간부의 사택이나 고위층 요양 시설로 쓰인다. 고풍스러운 모습을 여전히 잘 간직하고 있지만, 아쉽게도 의열단의 흔적을 찾을 수 있는 단서는 없다.

밀양 사람 약산若山 김원봉(1898~1958)은 독립운동사에서 가장 논쟁적인 인물이다. 해방 이후 월북해 북한 정권 수립에 어느 정도 역할을 하고 노동상과 국가검열상 등 고위직에 올랐다는 이유로 그동안 남한에서 배척돼 왔고 서훈 대상에도 오르지 못했다. 하지만 김원봉은 일제 강점기 가장 뜨겁고 열렬하게 독립투쟁을 한 인물임에 틀림없다.

김원봉은 1919년 아나키즘 단체인 의열단을 조직해 만주, 상하이, 도쿄, 경성 등지에서 일제 요인 암살 및 일제 수탈 기구 폭파를 주도해 일제를 벌벌 떨게 했다. 1938년에는 의열 활동을 넘어 군대를 조직해 일본과 전쟁을 벌여야 한다는 생각에 조선의용대를 창설했다. 요즘 한국 보수진영에서는 조선의용대 주력군이 중국 산시성 타이항산으로 이동해 중국 공산당 부대인 팔로군에 편입되고, 이후 이 부대가 1945년 일제 패망 후 북한으로 들어간 사실을 들어 김원봉이 북한 인민군의 뿌리라고 주장한다. 그러나 김원봉은 조선의용대 본부 대원들과 함께 충칭에 남았고 전투 부대만 북상시켰다. 김원봉을 북한 인민군과 직접 연결시키기 어려운 지점이다. 더욱이 김원봉은 본부 대원들을 이끌고 김구가 중심이 된 광복군에 합류했다. 김원봉은 이를 계기로 임시의정원 의원, 광복군

부사령관, 임시정부 군무부장을 맡았다.

이처럼 자신이 창설한 조선의용대를 기꺼이 해체해 광복군으로 편입시킨 점을 높이 평가한다면 김원봉을 통합주의자로 볼 수도 있다. 아나키즘, 민족주의, 공산주의를 두루 섭렵한 그는 해방 후 귀국해서는 좌익계 민주주의 민족전선에 참여하면서도 중도세력의 좌우 합작 운동을 지원하기도 했다. 그가 월북을 결심한 이유는 정확히 알려지지 않았다. 그러나 친일 경찰 노덕술에게 구타를 당하는 등 수모를 겪었으며, 여운형의 피살을 목도하면서 남한에 계속 있는 것은 위험하다고 생각했을 수 있다.

상하이에서 김원봉과 함께 생활했던 김산은 『아리랑』에서 김원봉을 "냉정하고 두려움을 모르며 개인주의적인 사람"이라고 회고했다. 톨스토이를 즐겨 읽은 김원봉은 언제나 조용했고, 로맨틱한 용모 때문에 여성들이 멀리서 그를 동경했다고 소개하고 있다.

김원봉 얘기를 좀 더 이어가 보자. 1922년 3월 28일 의열단은 김원봉의 지도하에 상하이 황푸탄 부두에서 일본 육군대장 다나카 기이치를 저격하려다 실패했다. 일제 영토 확장 계획을 입안한 전략가인 다나카는 중국 정복 계획인 '다나카 각서'를 써 천황에게 올린 인물이었다. 다나카 제거 거사에 가담했던 의열 단원 가운데 이종암은 도주하고 오성륜과 김익상은 체포됐다. 거사 현장에서 빗나간 의열단의 총알을 맞고 신혼여행 중이었던 영국인 부인이 사망했다. 이를 악용한 일제의 간계로 외신들은 일제히 한국 테러리스트들의 행동을 비난하는 기사를 쏟아 냈다. 세계 각국의 비난이 거세지자 임시정부마저 의열단과의 관계를 단절해 버렸다. 의열단은 고립무원 상태였고 단원들의 사기는 땅에 떨어졌다.

위기에 몰린 의열단장 김원봉은 임시정부 쇄신을 위한 상하이 국민대표회의에 참석한 신채호에게 의열단 선언문을 써달라고 요청했다. 신채호는 "안중근이 테러리스트가 아니라 대한제국의 군인으로서 전쟁을 수행한 것처럼 의열단도 일제와 싸우는 준군사조직임을 만방에 알릴 필요가 있다"라며 흔쾌히 수락했다. 신채호는 상하이 여관방에 머물며 '의열단 선언'을 썼다. 이글은 일제 강점기 때 나온 독립투쟁 선언서 가운데 단연 최고의 명문으로 꼽힌다. 선언문은 의열단 거사 현장에 늘 살포됐다.

"강도 일본이 우리의 국호國號를 없이하며, 우리의 정권政權을 빼앗으며, 우리의 생존적 필요조건을 다 수탈하였다. (중략) 우리는 일본 강도정치 곧 이족통치異族統治가 우리 조선민족 생존의 적임을 선언하는 동시에, 우리는 혁명수단으로 우리의 적인 강도 일본을 살벌殺伐함이 곧 우리의 정당한 수단임을 선언하노라.

(중략) 내정독립이나 참정권이나 자치를 운운하는 자가 누구이냐. 너희들은 동양평화와 한국독립보존 등을 담보한 맹약이 먹도 마르지 아니하여 삼천리강토를 집어먹던 역사를 잊었느냐. 조선인민의 생명·재산·자유 보호, 조선인민 행복증진 등을 거듭 밝힌 선언이 땅에 떨어지기도 전에 2,000만의 생명이 지옥에 빠지던 실제를 못 보느냐. 3.1 운동 이후에 강도 일본이 우리의 독립운동을 완

화시키려고 송병준·민원식 등 한두 매국노를 시켜 이따위 광론을 외침이니, 이에 부화뇌동하는 자가 맹인이 아니면 어찌 간사한 무리가 아니냐.

(중략) 조선민족의 생존을 유지하자면, 강도 일본을 쫓아내야 할 것이며, 강도 일본을 쫓아내려면 오직 혁명으로써 할 뿐이니, 혁명이 아니고는 강도 일본을 쫓아낼 방법이 없는 바이다.

(중략) 민중은 우리 혁명의 대본영大本營이다. 폭력은 우리 혁명의 유일 무기다. 우리는 민중 속에 가서 민중과 손을 잡고 끊임없는 암살·파괴·폭동으로써, 강도 일본의 통치를 타도하고, 우리 생활에 불합리한 일체 제도를 개조하여, 인류로써 인류를 압박치 못하며, 사회로써 사회를 수탈하지 못하는 이상적 조선을 건설할지니라."

_1923년 1월 의열단

6,400자 분량의 선언문은 일제를 강도로 규정하고 강도를 살벌殺伐해야 조선 민족에게 생존의 길이 열린다고 선포했다. 3.1 운동 이후 국내에서 대두된 자치론, 내정독립론, 참정권론 및 문화운동을 일제와 타협하려는 '적'으로 규정한 것은 물론 상하이 임시정부의 외교론도 철저히 거부했다. 그러면서 강도를 살벌하는 유일한 방법으로 조선 민중의 무장혁명투쟁을 제시했다.

의열단 선언문이 임시정부의 주류였던 이승만, 김구 노선을 거부하며 무장투쟁과 민중혁명론을 부르짖은 건 3.1 운동에 대한 뼈아픈 반성에서 나왔다고 볼 수도 있다. 3.1 운동은 비폭력 저항운

와이자오부제 거리에 의열 단원들의 거점이 있었다.

동이었다. 3.1 운동이 비폭력주의를 표방한 것은 당시 독립운동을 이끌었던 핵심 세력이 기독교와 천도교 지도자들이었다는 점과 밀접한 관련이 있다. 사실 당신 조선에서 민중을 조직할 능력이 있는 곳은 교회밖에 없었다. 전민항쟁이었지만, 비폭력주의를 유지함에 따라 총칼을 앞세운 일제의 무력 진압에 무참히 희생됐다. 제암리 교회 학살 사건이 이런 비극을 잘 증명한다.

10대 후반 20대 초반으로 이뤄진 젊은 의열단과 1917년 러시아 볼셰비키 혁명 소식을 전해 들은 사회주의자들 그리고 신채호, 이회영과 같은 아나키스트들이 볼 때 3.1 운동과 같은 평화적인 저항은 더 이상 의미가 없었을 것이다. 더욱이 일본군과 직접 싸우는 전선인 만주가 아닌 열강의 조계지인 상하이에 앉아 외교론만 외치는 임정 주류를 이들은 믿지 못했다. 이들 눈에 임정 지도부는 독립투사가 아니라 권력을 쫓는 정치가로 보였을 것이다.

실의에 빠진 신채호를
품었던 스덩 후통

'기자' 신채호는 1905년 을사늑약이 체결될 때 「황성신문」에서 논설을 쓰고 있었다. 장지연이 쓴 '시일야방성대곡'으로 황성신문이 폐간되자 신채호는 양기탁의 주선으로 「대한매일신보」*로 옮긴 다음 날카로운 논설로 일제를 꾸짖었다. 일제가 대한제국의 국권을 완전히 침탈한 1910년 신채호는 중국 망명길에 올랐다. 망명 초기에는 만주, 칭다오, 러시아 블라디보스토크 등에서 교민단체를 조직하고 신문을 발행했다. 1914년에는 서간도 지안현의 고구려 유적을 답사해 『조선사』를 집필했다.

1915년 이회영의 권고로 만주에서 베이징으로 온 신채호는 푸타안普陀庵, 보타암 등지에 거주했다. 충원먼崇文門, 숭문문 근처에 있던 사찰인 푸타안은 지금은 남아 있지 않다. 베이징 이주 초기 단재는

• 지금의 서울신문

베이징 현지 신문인 「중화보」와 「베이징일보」에 논설을 써 중국 독자들의 사랑을 받았다.

1919년 3.1 운동이 일어나자 단재는 당장 상하이로 건너가 임시정부 수립에 동참했다. 그러나 신채호는 미국의 위임통치를 주장한 이승만이 총리와 대통령에 거듭 당선되자 임정과 결별하고 베이징으로 돌아와 앞서 살펴본 진스팡제, 차오더우 후통 등지에서 살았다.

이즈음 신채호는 베이징으로 근거지를 함께 옮긴 김창숙, 이회영, 박영만, 배달무, 김대지 등과 무장투쟁 노선을 기치로 하는 독립운동 단체 '제2회보합단'과 '북경군사통일회'를 잇따라 결성했다. 제2회보합단은 군자금 모금, 군인 모집, 국내 일본인 및 친일파 제거를 활동 목표로 삼았다. 북경군사통일회는 홍범도 장군이 이끈 봉오동 전투 승리에도 불구하고 20여 개로 쪼개진 만주의 무장 독립 운동단체를 하나로 묶는 데 주력했다.

1921년 4월 19일 신채호 등 베이징의 독립운동가들은 상하이 임시정부의 국제연맹 위임통치 청원을 규탄하는 '성토문'을 발표했다. 신채호가 집필한 이 성토문에는 독립운동가 54명이 서명했다.

"조선이 이미 멸망하였다 할지라도 조선인의 가슴에는 영원독립의 조선이 있어, 일본뿐 아니라 세계 어떤 나라를 막론하고 우리 조선을 향하여 무례를 가하거든 검으로나 총으로나 아니면 적수공권(맨주먹)으로라도 혈전함이 조선민족의 정신이니, 만일 이 정신이 없이 친일파는 일본에, 친미파는 미국에, 친영파는 영국의 노예가 되기를 원한다면, 조선민족은 세세생생 노예의 한길로 윤회하리니.(후략)"

앞서 1921년 2월 박은식, 김창숙 등은 '우리 동포에게 고함'을 발표하고 상하이 임시정부 개혁을 위한 '국민대표회의' 소집을 주장했다. 4월, 베이징의 '군사통일주비회'가 이에 동조하고 5월에는 만주의 김동삼, 여준 등이 '임정개혁안'을 상하이에 보내 본격적으로 대표회의 소집을 추진했다.

드디어 1923년 1월 3일, 상하이 프랑스조계 팔선교 3.1예배당에서 국민 대표회의가 개막했다. 국내, 베이징, 상하이, 만주, 간도, 미주 등지에서 120여 개 단체 대표들이 참석했다. 하지만 회의는 임시정부를 해체하고 새로운 정부를 조직해야 한다는 창조파와 임시정부를 유지하며 효과적으로 개편해야 한다는 개조파, 현재 상태를 그대로 유지해야 한다는 임정 옹호파로 나뉘어 대립을 거듭했다. 파행하던 회의는 5월 15일 '서로군정서' 등 만주 대표들이 이탈하고 개조파가 회의 불참을 선언해 창조파 단독 회의로 전락했다가 별다른 성과 없이 막을 내렸다.

국민 대표회의 실패로 실의에 빠진 신채호는 러시아 블라디보스토크로 가서 새로운 임정 수립을 모색했다. 하지만 이마저도 여의치 않자 1923년 9월 베이징으로 다시 돌아왔다. 이때 머물렀던 곳이 스덩안石燈庵. 석등암이다. 제법 큰 사찰이었던 스덩안은 현재 베

신채호가 묵었던 스덩 후통 13호. 중국인 아저씨가 한국 답사객을 반갑게 맞이해 준다.

이징 지하철 2호선 장춘제역 부근인 스덩 후통에 그 자취가 남아 있다. 신채호가 머물렀던 숙소는 스덩 후통 13호다. 당시 중국 사찰의 부속 건물에는 여행자들이 투숙할 수 있는 숙소가 마련되어 있었다. 13호도 그런 목적의 건물이었고, 신채호는 당시 승려가 아니라 투숙자로 머물렀다.

현재 스덩 후통 13호에 사는 중국인 할아버지는 가끔 답사를 오는 한국 역사 연구자들을 반갑게 맞이해 준다. 할아버지는 "이 집에 유명한 한국 독립운동가가 살았다는 얘기는 한국인들한테 들어서 알고 있다"라면서 "옛날 만리타향에서 고생한 독립운동가들 덕택에 한국이 지금 세계에서 내로라하는 나라가 된 것 같다"라고 말했다.

스덩안에서 칩거하던 신채호는 1924년 3월 관인쓰觀音寺, 관음사에서 머리를 깎고 아예 승려가 됐다. 관인쓰는 지금의 융허궁다제雍和宮大街, 옹화궁대가 더우푸츠豆腐池, 두부지 후통에 있는 절이었다. 좌절의 시간을 보내던 신채호는 이곳에서 『유마경』, 『방엄경』, 『대승기신론』 등을 탐독했다. 조선사 연구에 다시 매진해 『전후삼한고』를 집필하기도 했다. 관인쓰가 더우푸츠 후통 어디쯤에 있었는지는 정확히 알 수 없어 신채호의 흔적을 찾을 길이 없다.

두부 연못이라는 뜻의 더우푸츠 후통은 한국인은 물론 중국인에게도 매우 뜻깊은 곳이다. 이 후통 15호가 마오쩌둥의 스승 양창지楊昌濟, 양창제가 마오쩌둥과 함께 살았던 곳이기 때문이다. 1918년 6월 베이징대 교수로 초빙되면서 후난성에서 이사를 온 양창지는 15호에 터를 잡았다. 양창지는 그해 8월 제자 마오쩌둥을 베이징으로 불러와 베이징대 도서관 사서 일을 하도록 주선했다. 당장 기거할 곳이 없던 마오쩌둥도 15호에서 스승과 함께 살았다. 후난성 제1사범학교 교사였던 양창지는 1913년부터 1918년까지 이 학교에서 철학과 윤리를 가르쳤는데, 마오쩌둥과 차이허썬蔡和森이 가장 훌륭한 제자였다고 한다.

양창지가 1920년 1월 48세로 사망하자 마오쩌둥이 장례를 도맡아 치렀다. 양창지의 딸 양카이후이陽開慧, 양개혜는 스승을 극진히 살피는 마오쩌둥의 모습에 반해 결혼했다. 양창지는 임종 전 공산혁명가였던 장스자오章士釗, 장사소에게 편지를 써서 "구국을 생각한다면 마오쩌둥과 차이허썬을 중시하라"라고 당부했다. 양창지의 당부대로 마오쩌둥과 차이허썬은 중국 공산혁명의 지도자로 커 갔다.

단재 신채호 선생의 말년에 대해 이야기해 보자. 승려에서 아나키스트로 거듭나 맹활약하던 신채호는 1928년 톈진에서 열린 '무정부주의자 동방연맹' 회의에 조선 대표로 참가했다. 회의 참가자들은 투쟁 자금 마련을 위해 위조 어음을 발행하자고 결의했다. 신채호는 어음 발행의 책임자가 돼 베이징 우무관리국에서 외국환 업무를 담당하는 대만인 아나키스트 린빙원林炳文, 임병문과 함께 중국 돈 5만 4,000위안에 이르는 외국 위조 어음을 발행했다. 다롄은행에서 2,000위안을 찾는데 성공한 린빙원은 일본은행 고베 지점에서 2,000위안을 찾으려다가 발각돼 체포됐다. 신채호는 이 사실을 모르고 대만 지룽항 우편국에서 위조 어음을 환급하다가 일제 경찰에 체포됐다.

유가증권 위조 혐의로 체포돼 다롄 법원으로 옮겨진 신채호는 1929년 2월 열린 첫 재판에서 치안유지법 위반, 살인 및 사체유기 혐의가 추가됐다. 신채호는 재판에서 "나라를 찾기 위해 취하는 수단은 모두 정당한 것이니 사기가 아니며, 민족을 위하여 도둑질을 할지라도 부끄럼이나 거리낌이 없다"라고 말했다. 1930년 5월 재판에서 징역 10년형이 최종 선고됐다. 단재는 다롄 감옥에서 2년을 보낸 뒤 뤼순 감옥으로 이감됐다. 뤼순 감옥에서 4년째 수감 생활을 하던 1936년 2월 18일 서울에 있는 박자혜 여사에게 "신채호 뇌일혈 생명 위독"이라는 전보가 도착했다. 박자혜 여사는 만주를 거쳐 뤼순으로 달려갔다. 3월 21일 감옥에서 마침내 부부 상봉이 이뤄졌다. 차가운 시멘트 바닥에 홑이불을 덮은 신채호가 의식 없이 누워 있었다. 박자혜 여사가 임종을 지키기를 애원했지만, 일제는 면회시간이 끝났다는 이유로 여사를 쫓아냈다. 다음날 아침, 신채호가 전날 오후 4시쯤 사망했다는 사실을 통보받았다. 박 여사가 전해받은 유품은 판결문 1장, 도장 1개, 수첩 2권, 편지 10여 통이 전부였다. 26년 전 안중근 의사, 4년 전 이회영 선생처럼 신채호의 뜨거웠던 피가 뤼순 감옥에서 차갑게 식어 갔다.

독립투사들의 아지트, 이회영 선생의 집

우당 이회영(1867~1932) 선생은 신채호 선생의 정신적 지주이자 든든한 후원자, 큰 형님 같은 존재였다. 무장 독립투쟁론과 아나키즘 등 사상적 결이 같았을 뿐만 아니라, 베이징에서 지낸 시간 대부분을 함께했다.

비단 신채호뿐이겠는가. 여섯 형제와 일가족 전체가 모든 재산•을 팔아 만주로 망명한 이회영 일가에게 음으로 양으로 보살핌을 받지 않지 않은 항일 독립운동가가 어디 있을까. 이회영은 일찍이

• 현재 가치로는 약 600억 원으로 추정

1911년 5월 광복군 양성을 위해 만주에서 경학사와 신흥무관학교를 설립한 이후 수많은 독립투사들을 배출했다. 그러던 중 3.1 운동이 일어났고, 운동의 여세로 1919년 상하이에서 대한민국 임시정부 수립 움직임이 일자 53세의 나이로 지체 없이 상하이로 향했다. 국제연맹 위임통치론을 주장한 이승만이 임시정부 수장에 오르자 미련 없이 상하이를 떠나 베이징으로 왔고, 신채호 등을 불러들여 무장독립투쟁을 준비했다.

이 시기에 이회영이 터를 잡은 곳이 바로 난뤄구샹의 한 후통

이회영이 살았던 허우구러우위안 후통

인 허우구러우위안後鼓樓園, 후고루원 후통이다. 진스팡제 21호에 살던 신채호가 마침 난뤄구샹의 차오더우 후통으로 이사를 와 두 사람은 1킬로미터 남짓한 이웃에서 살았다. 이회영 선생이 열세 살 위였고 살림살이 여건도 신채호 선생보다는 나았기 때문에 단재가 매일 아침 우당의 집으로 문안 인사 겸 아침식사를 하러 갔을지도 모른다.

단재뿐만 아니라 우당의 집에는 늘 독립투사들로 붐볐다. 우당의 동생 이시영, 이동녕, 조완구는 아예 얼마간 함께 살았다고 알려져 있다. 그 외 안창호, 김규식, 조소앙, 조성환, 박용만, 김원봉, 이광, 송호성, 유석현, 이을규, 이정규, 정현섭, 김종진, 임경호 등도 베이징에 머물 당시 우당의 집을 찾았다. 매일 적게는 10명, 많을 때는 40명이 찾아왔다고 한다. 우당의 아들 이규창은 "국내에서 조국 독립의 꿈을 품은 인물, 즉 청년들은 베이징에 오면 반드시 나의 부친을 뵈었고, 대체로 우리 집에 거주했다"라고 회고했다. 허우구러우위안 후통의 우당 집이 독립 운동가들의 집합 장소이자 망명객들의 사랑방, 독립운동 본부였던 셈이다.

『상록수』의 작가 심훈도 이때 우당을 찾은 것으로 보인다. 그가 남긴 시 「고루의 삼경」에 이런 부분이 있다. "눈은 쌓이고 쌓여 / 객창을 길로 덮고 / 몽고 바람 씽씽 불어 / 왈각달각 잠 못 드는데 / 북이 운다, 종이 운다" 고루鼓樓에서 울려 퍼지는 북소리를 북이 운다고 표현하고, 종루鐘樓에서 울리는 종소리를 종이 운다고 표현한 것이다. 이회영 선생의 집이 있던 후통 '허우구러우위안'을 우리말로 풀면 '고루 뒤쪽에 있는 후통'이라는 뜻이다. 실제로도 고루 남쪽에 있다.

안타깝게도 허우구러우위안 후통 몇 호가 우당의 집이었는지는 확인되지 않고 있다. 다행히 허우구러우위안 후통은 다른 난뤄구샹의 후통과 달리 그리 길지 않고 방문객이 적어 늘 한적하다. 후통 한복판에서 가만히 눈을 감고 서 있으면 베이징 독립운동가들을 넓은 가슴으로 품었던 우당의 기운이 느껴지는 듯하다.

이회영 선생의 여섯 형제는 모두 독립운동가였다. 셋째 동생인 이호영은 허우구러우위안 후통 대각선에 위치한 샤오징창小經廠, 소경창 후통 26호에서 하숙집을 운영했다. 말이 하숙집이지 이곳 역시

이회영의 셋째 동생 이호영이 살았던 샤오징창 후통 26호. 지금은 퇴직 교사를 위한 숙소로 쓰인다.

오갈 곳 없는 독립운동가들이 지친 몸을 누이는 곳이었을 가능성
이 크다. 현재 이곳은 베이징시 동성구 은퇴 교육자 센터가 들어서
있다.

이회영의 마지막 거주지
마오얼 후통

이회영 선생은 1919년 3월 베이징에 처음 왔고, 1925년 12월 톈진
으로 이사했다. 조선에서 손꼽히는 대부호였지만, 베이징에 거주
하던 6년 9개월 동안에는 여섯 번이나 거처를 옮겨야 했다. 수많은
동지를 먹여 살리느라 이사할 때마다 집은 더 작고 초라해졌다. 우
당이 베이징에서 마지막으로 머물렀던 곳은 마오얼帽兒. 모아 후통
29호다. 난뤄구샹 서쪽으로 난 제법 큰 후통이다.

29호로 오게 된 이유는 가난 때문이었다. 1주일에 세 번 밥을
지어 먹으면 재수가 대통한 것으로 여길 정도로 어려움을 겪었다.
10여 가구가 다닥다닥 붙어사는 낡은 사합원인 29호에선 이회영
의 흔적을 찾을 수 없지만, 저렇게 허름한 쪽방들 가운데 한 곳에
서 조선독립을 위해 마지막 남은 목숨까지 아낌없이 바친 선각자
가 생활했을 것을 생각하면 절로 숙연해진다.

극심한 가난 속에서도 우당은 단재와 함께 베이다홍러우에서
루쉰, 리다자오 등 중국 사상가들과 활발하게 교류했다. 1923년부

터는 의열단을 후원했으며, 또 다른 무장 행동 단체인 '다물단多勿團'을 조직해 지도했다.

다물단은 이회영의 아들 이규학과 조카 이규준이 중심이 됐다. 다물단의 활동 목적은 '악분자惡分子 소탕'을 통한 민족정기 회복과 독립운동 장애물 제거였다. 한마디로 배신자 처단이 주요 목표였

이회영이 마지막으로 살았던 마오얼 후통 29호

다. 다물단 활동 가운데 가장 대표적인 것이 밀정 김달하 처단이다. 김달하는 1922년 4월 기독교청년대회에 참석하기 위해 베이징을 방문한 월남 이상재와 그의 처제인 김활란의 소개로 처음 김창숙과 이회영을 만난 이후 계속 교류를 유지했다. 그러나 베이징 한인 사회에서 유력 인사로 꼽히던 그가 10여 년 동안 일제의 고급 밀정으로 암약했다는 사실이 안창호와 김창숙에 의해 발각됐다. 김달하는 베이징 군벌 정부 수장인 돤치루이段祺瑞, 단기서의 비서 출신이었다. 군벌 정부와의 친분을 내세워 김창숙 이회영 등 독립운동 지도자들에게 접근했고, 독립 운동가들의 정보를 일본 경찰에 밀고했다. 이에 다물단은 1925년 3월 30일 김달하를 처단했다. 김달하의 시신 옆에는 의열단과 다물단이 쓴 '사형선고서'가 놓여 있었다.

이회영은 김창숙, 신채호와 함께 1926년 12월 28일 경성에서 발생한 나석주 의거도 지도했다. 중국인으로 위장한 30대의 나석주는 이들이 마련해 준 권총과 폭탄 두 개를 품고 이틀 전 인천항으로 들어왔다. 첫 번째 목표는 식민지 수탈 은행이었던 조선식산은행이었다. 폭탄을 투척했으나 터지지 않았다. 곧바로 동양척식주식회사로 가 일본인을 저격하고 폭탄을 던졌으나 역시 불발이었다. 일경 수십 명과 총격전을 벌이던 나석주는 "2,000만 민중아, 분투하여 쉬지 마라"라고 외쳤다. 일본 경감 한 명을 더 사살하고 자결했다.

베이징을 떠나 톈진을 거쳐 상하이에 머물던 이회영은 1932년 9월 오랜 중국인 아나키스트 동지인 리스쩡 등과 논의한 끝에 다

풍광이 수려한 스차하이와 연결돼 있어 관광객이 많은 마오얼 후통

시 만주행을 결심했다. 만주의 장쉐량張學良, 장학량 군대와 공동으로
항일투쟁을 하는 등 만주 무장투쟁 전선을 강화하는 게 시급하다
고 봤다. 만주 군벌의 황태자였던 장쉐량은 당시 중국 공산당과 협
력 관계로 전환해 일본군에 대항하고 있었다. 젊은 동지들은 이회
영의 건강을 염려해 극구 만류했으나 이회영의 결의는 확고했다.
1932년 11월 13일 다롄 항구에 도착한 이회영은 영국 여객선에서
하선할 준비를 하고 있었다. 그러나 일제 형사들이 들이닥쳐 그를
체포했다. 조카의 밀고 때문이었다. 이회영은 상하이를 떠나기 전
둘째 형 이석영에게 하직 인사를 올리며 만주 계획을 설명했는데,
자리에 함께 있던 조카 이규서가 이를 다른 독립운동가의 아들이

자 밀정인 연충렬에게 고한 것이다. 이회영을 밀고한 이규서와 연충렬은 얼마 지나지 않아 비밀 결사인 '남화한인청년연맹' 단원들에게 처단됐다.

뤼순 감옥에 갇힌 66세의 이회영에게 일제는 혹독한 고문을 자행했다. 닷새 동안 계속된 고문을 견디던 이회영은 11월 17일 아침 순국했다. 평생의 동지였던 신채호가 그리 멀지 않은 옥사에 갇혀 있었으나 서로 알 길이 없었다. 4년 뒤 단재 역시 이 감옥에서 고문으로 사망한다. 일제는 창춘에서 달려온 딸 이규숙에게 신원만 확인시킨 뒤 서둘러 화장해 유골을 인계했다. 이규숙은 아버지의 얼굴에 선혈이 낭자하고 치파오●에도 피가 많이 묻어 있었다고 증언했다. 오로지 조국의 독립과 평등한 세상을 꿈꿨던 혁명가의 마지막 모습이었다.

이회영 선생이 베이징에서 마지막으로 살았던 마오얼 후통은 늘 관광객으로 북적인다. 이 후통이 난뤄구샹에서 스차하이什刹海. 십찰해로 이어지는 길목인 데다 마오얼 후통 35호가 청나라의 마지막 황제인 선통제 푸이溥儀. 부의의 아내이자 아편중독으로 비극적인 삶을 마감한 마지막 황후 완룽婉容. 완용이 결혼 전까지 생활했던 곳이기 때문이다. 우당이 살았던 29호 바로 옆에 있는 35호는 '베이징시 문물보호단위'로 지정됐지만, 지금은 민간인 소유로 대외 개방을 하지 않는다.

● 중국 전통의상

완룽의 비극적인 삶도 한번 들여다보자. 완룽은 청의 총관내무대신이었던 룽위안榮源, 영원의 딸이다. 1908년 3세의 나이로 황제에 오른 푸이는 1911년 신해혁명이 발발하면서 퇴위당한다. 그러나 새롭게 탄생한 중화민국은 푸이에게 황제에 준하는 대접을 하면서 자금성에 계속 머물도록 허락했다. 푸이가 16세가 되자 명목상으로나마 황후 간택 작업이 시작됐다. 만주 귀족의 딸 4명이 최종 후보에 올랐다. 푸이는 이들의 사진만 보고 선택할 수밖에 없었는데, 몰락한 귀족의 딸 원슈文綉, 문수를 골랐다. 푸이는 사진 속 얼굴이 다 똑같고 작아 구별하기 어려워서 치파오가 제일 화려한 사람을 골랐다고 말했다. 그러나 푸이의 아버지 순친왕 재풍載灃은 룽위안의 탄탄한 집안 배경을 고려해 푸이가 선택을 번복하도록 강요했다. 결국 완룽이 이름뿐이지만 황후에 올랐고 원슈는 숙비로 격하됐다.

완룽은 영어와 피아노에 능한 서양화된 여성이었다. 자금성 안에서 푸이가 유일하게 믿는 이는 완룽뿐이었다. 푸이는 완룽을 영국 여왕 이름을 따서 엘리자베스라고 불렀다. 푸이는 완룽의 영향으로 서양 문물을 탐닉했다. 자전거를 타기 위해 자금성 내 문지방을 톱으로 썰어 없앴고, 선글라스도 끼고 다녔다.

푸이와 완룽은 1924년 베이징 정부를 장악한 군벌에 의해 자금성에서 쫓겨난다. 일본은 푸이를 보호한다는 명목으로 톈진으로 호송했다. 이 와중에 원슈는 황제에게 이혼을 요구해 끝내 관철했다. 황제에게 이혼을 요구한 것은 중국 역사상 처음 있는 일이었다. 만주족 황권 부활을 내심 꿈꾸던 푸이는 1932년 일본이 세운 괴뢰국인 만주국의 황제에 올랐고, 완룽은 강덕황후로 책봉됐다. 그러나 두 사람 다 일본군의 감시를 받는 허수아비에 불과했다. 이때부터 완룽은 아편에 손을 대기 시작했고, 1945년 일본 패망으로 만주국이 소멸하자 푸이와 함께 전범으로 지목돼 수용소에 갇혔다. 완룽은 지린성 감옥을 전전하다가 폐결핵과 아편중독으로 1946년 사망했다. 지린성 야산에 묻힌 그녀의 시신은 아직도 찾을 수가 없다고 한다. 그녀가 남긴 유품이라고는 손거울뿐이었다.

완룽 고거 옆에 있는 마오얼 후통 11호는 북한에 의미가 큰 저택이다. 이 집은 태평천국의 난 당시 반란군 토벌에 앞장섰던 청 말기 대학사 원위文煜. 문욱이 살던 곳이다. 1949년 중화인민공화국 성립 이후에는 북한 대사관으로 사용됐다. 자금성과 그리 멀지 않은 곳에 있는 대저택을 대사관으로 선뜻 내주었을 정도로 북한과 중국은 '특별한 관계'였다. 베이징 시내 중심부에 있는 지금의 북한 대사관도 중국에 있는 수많은 외국 공관 가운데 규모가 가장 크다.

대사관 규모에서 잘 드러나듯 중국과 북한은 항미원조抗美援朝• 에서 피를 나눈 혈맹이다. 그러나 베이징에서 중국인들과 북한 사람들을 모두 만나 보면 양측 국민들 간 우애가 그리 깊지 않다는 걸 바로 느낄 수 있다. 중국인들은 미국과 패권을 겨룰 정도로 국력이 성장했는데, 북한이 핵 실험 등으로 사고를 쳐 중국의 국격까

• 중국이 6.25 전쟁을 일컫는 말

지 깎아내렸다고 생각하고 있다. 반면 북한 사람들은 중국인들을 돈만 알고 교양이라곤 찾아볼 수 없는 '졸부'라고 생각하는 경향이 있다. 필자가 취재를 위해 종종 만난 북한 주민은 중국인들이 언제부터 부자가 됐다고 조선을 이리 무시하느냐고 말했다. 실제로 1970년대까지만 해도 중국은 북한의 경제 발전을 배우기 위해 각 성에서 우수한 대학생을 선발해 북한으로 유학을 보냈다. 유학 경비는 북한이 댔다. 한국어에 능통해 한국 관련 업무를 담당하는 중국 외교관 대부분이 북한 유학파라는 사실이 이를 잘 증명한다. 한반도 문제를 연구하는 중국의 원로 학자들 가운데 '김일성대 학파'가 따로 존재할 정도다.

북한과 중국 주민들 사이에 갈등의 골이 가장 깊었던 때는 북한이 핵 실험을 수시로 했던 2016~2017년이었다. 중국이 유엔 제재를 충실히 이행하며 북한을 옥죄자 북한 주민들은 "일제 때 일본 놈들보다 지금 중국 떼놈들이 더하다"라고 욕했다. 한 북한 주민은 필자에게 "중국이 유엔 규제를 핑계로 손톱깎이조차 수출하지 않는다"라면서 "숟가락까지 수탈했던 일제와 뭐가 다르냐"라고 말했다. 북한 사람들의 중국에 대한 불신은 한국에 대한 기대감으로 나타나기도 한다. 베이징에 나와 있는 북한 기자들은 한국 기자들을 만나면 한국과 중국의 반도체 기술력 격차, 한국의 고속철도 건설 역량 등을 묻곤 한다. 북한 기자들이 대놓고 말하지는 않지만, 경제 협력의 파트너로 중국보다는 한국이 낫다고 생각한다는 것을 직감할 수 있었다.

이육사의 쓸쓸한 죽음,
그리고 청포도 넝쿨

한국 관광객들이 베이징에 와서 가장 많이 찾는 곳 중 하나가 '베이징의 명동'이라고 불리는 왕푸징王府井. 왕부정 거리다. 왕푸징 거리는 베이징 도심 한복판을 동서로 가르는 전통 후통을 크게 확장해 쇼핑 거리로 단장한 곳이다. 한국인이라면 적어도 이 거리의 명품점과 전갈, 해마, 뱀 등 기괴한 먹거리에만 관심을 가져서는 안 된다. 온몸으로 일제에 항거한 민족 시인 이육사 선생이 순국한 곳이 왕푸징에서 지근거리에 있다.

왕푸징 북쪽 끝에 이르면 서쪽 옆으로 둥창東廠. 동창 후통이 나온다. 후통 이름만 놓고 보면 둥창 후통은 베이징의 후통 가운데 가장 무서운 곳 중 하나다. 둥창이 명나라 영락제 18년(1420)에 설립된 세계 최초의 특무기관이기 때문이다. 둥창 본거지가 여기 있어서 이름도 둥창 후통이 됐다. 둥창은 백성은 물론 황제를 제외한 모든 이들을 사찰하고 영장 없이 체포할 수 있는 무소불위의 기무기관이었다. 명 말기 웨이중셴魏忠賢. 위충현 등 환관들이 둥창을 장악해 명의 멸망을 재촉했다.

1944년 1월 16일 이육사 선생이 순국한 곳은 둥창 후통 28호다. 이곳은 당시 베이징을 점령한 일본의 총영사관 부속 헌병대 감옥이었다. 이육사는 지하 감방에서 숨을 거뒀다. 28호 맞은편에 위치한 중국사회과학원 근대사연구소 경내에는 옛 일본 총영사관 건물한 채가 여전히 남아 있다. 이 근대사연구소가 고구려 역사를 중국사에 편입하려는 동북공정東北工程을 주도했다는 점을 상기하면 역사에서 '방심은 금물'이라는 생각이 든다.

둥창 후통 28호 건물은 외관상으로는 다 쓰러져 가는 폐가처럼 보이나 안으로 들어가면 여전히 많은 주민이 살고 있다. 한국 답사객이 종종 찾아오기 때문에 주민들의 경계심이 상당하다. 그래도

베이징을 점령한 일본 헌병대 감옥이었던 둥창 후통 28호. 이곳 지하에서 이육사 선생이 순국했다.

이곳에서 오래 살았던 한 노인은 일본 제국주의 시대에 많은 한국인들이 이곳에서 고초를 겪었다는 얘기를 들었다고 증언해 줬다. 필자가 초여름에 방문했을 때에는 감옥으로 쓰였던 건물을 청포도 넝쿨이 감싸고 있었다. 이육사의 시 「청포도」가 더욱 처연하게 느껴졌다.

"내 고장 칠월은/청포도가 익어 가는 시절/이 마을 전설이 주저리주저리 열리고/먼 데 하늘이 꿈꾸며 알알이 들어와 박혀/하늘 밑 푸른 바다가 가슴을 열고/흰 돛단배가 곱게 밀려서 오면/내가 바라는 손님은 고달픈 몸으로/청포를 입고 찾아온다고 했으니/내 그를 맞아 이 포도를 따 먹으면/두 손은 함뿍 적셔도 좋으련/아이야 우리 식탁엔 은쟁반에/하이얀 모시 수건을 마련해 두렴."

베이징에서 활동했던 다른 독립투사들과 마찬가지로 이육사 선생의 독립노선은 무장투쟁과 사회주의 혁명 쪽으로 기울어 있었다. 레닌을 높이 평가하는 글을 썼으며, 무산자들의 계급 혁명을 꿈꿨다. 이 때문에 과거에는 그의 시만 평가됐을 뿐 항일투쟁이 제대로 조명되지 못했다.

이육사는 1932년 석정 윤세주의 권유로 난징으로 건너가 의열단장 김원봉이 세운 조선혁명정치군사간부학교에 1기생으로 입교해 6개월 동안 군 간부 훈련 과정을 수료했다. 총을 다루는 솜씨가 특히 탁월했다고 한다. 이 학교는 중국 국민당의 지원을 받아 독립

이육사가 순국한 곳 맞은편에 있는 동북공정을 주도한 중국 근대사연구소.
이곳은 옛 일본 총영사관 건물이었다.

군 초급장교를 배출하는 곳이었다. 윤세주는 김원봉과 함께 민족혁명당, 조선의용대를 이끌다 중국 산시성 태항산에서 전사한 전설적인 인물이다. 윤세주와 김원봉은 밀양 해천마을에서 나고 자란 죽마고우이자 의열단을 함께 결성해 키운 평생 동지였다.

이육사의 수필 『연인기戀印記』를 보면 귀국 직전인 1933년 9월 10일 상하이에서의 저녁 모임에 대해 쓰고 있다. 몇 사람이 모여 최후의 만찬을 같이 했는데, 그중 S에게는 기념품을 주고 와야 할 것 같았다고 적었다. 이육사는 '목숨 이외에 사랑하는 물품'인 비취인장翡翠印章에 '贈 S · 一九三三 · 九 · 一〇 · 陸史'라고 새겨 S에게 선물로 주고 조선으로 돌아왔다. 여기서 S는 윤세주다.

김원봉, 윤세주와의 관계를 고려할 때 이육사도 의열단 단원이었을 가능성이 크다. 이육사는 중국과 조국을 오가며 항일 투쟁을 벌이다 열일곱 차례나 구속됐고, 마지막에는 경성에서 체포되어 베이징으로 압송된 후 일본 헌병대 감옥에서 순국했다. 1943년 무기를 국내에 들여오려는 계획을 짜고 중국으로 갔다가 그해 7월 모친과 맏형의 제사 때문에 잠시 국내에 들어왔었는데, 이때 검거된 것이다.

이육사의 본명은 이원록이다. 진성 이씨 퇴계 이황의 14대손이다. 안동시 도산면 원촌마을의 여섯 형제(원기, 원록, 원일, 원조, 원창, 원홍) 중 둘째였다. 원기, 원일, 원조도 항일투쟁으로 옥고를 치렀다. 1927년 장진홍 의사의 조선은행 대구지점 폭파 사건에 연루돼 구속됐을 때 수인번호가 264번이었기 때문에 이육사를 필명으로 썼다.

이육사는 중국의 소설가 루쉰魯迅, 노신을 특히 존경했다. 상하이에 머물던 루쉰을 직접 찾아가기도 했고 루쉰의 소설『고향』을 번역하기도 했다. 1936년 루쉰이 사망하자 이육사는 '노신 추도문'을 썼다. 『고향』에는 "본래 땅 위에는 길이 없었다. 걸어가는 사람이 많아지면 그곳이 곧 길이 된다"라는 문구가 나온다. 이육사는 이 문구를 번역하면서「광야」의 시상을 떠올렸을지도 모른다.

"다시 천고의 뒤에/백마 타고 오는 초인이 있어/이 광야에서 목 놓아 부르게 하리라."

제 2 장

✕

후통에서 피어난
문화의 향기

✕

누구나 들르지만 누구도 모르는
다자란의 보물들

한국인의 베이징 관광은 대개 첸먼前門, 전문에서 시작되는 경우가 많다. 첸먼의 정식 명칭은 정양먼正陽門, 정양문이다. 황궁자금성의 정문인 톈안먼천안문 앞에 있다고 하여 첸먼이라고 부른다. 첸먼을 시작으로 톈안먼 광장과 광장 양옆에 있는 인민대회당, 마오쩌둥 기념관을 본 뒤 자금성으로 들어가 경산공원 쪽으로 나오는 루트가 가장 보편적이다.

이 경로를 이미 한 번 가본 사람이라면 정반대 루트를 걷는 것이 좋다. 첸먼에서 첸먼다제前門大街, 전문대가를 따라 남쪽으로 조금 내려가면 오른쪽에 다자란大柵欄, 대책란이라는 큰 골목이 보인다. 온갖 기념품점과 음식점 등이 밀집해 인위적으로 만든 관광 골목처럼 느껴지지만, 이곳은 600년 역사를 가진 베이징을 대표하는 후통이다. 중국에서는 100년 이상 된 상점을 '라오즈하오老字號, 노자호'

600년 역사를 자랑하는 대표적인 후통 다자란

라고 하는데, 다자란에 유명한 라오즈하오가 밀집돼 있다. 중국인
들은 다자란을 '경사지정화京師之精華'라고 부르며 치켜세운다. 북경
에 최고 좋은 것은 다 모여 있다는 뜻이다.

　원나라 때 생긴 다자란 후통은 청대를 거쳐 지금까지 번화가의
명성을 이어오고 있다. 거대한 울타리라는 뜻의 '다자란'이라는 이
름은 명나라 효종 원년인 1488년 처음 붙여졌다. 당시 베이징에는
야간 통행이 금지됐다. 도성 밖의 도적이 야음을 틈타 황궁 주변으
로 스며드는 걸 막기 위함이었다. 야간 통행금지와 함께 내성 곳곳
에는 큰 울타리가 세워졌다. 이 정책은 청대에서도 이어졌다. 청 옹
정제 때에는 외성에 440개의 울타리인 자란柵欄. 책란이 세워졌다.

건륭제는 내성에 919개, 황성에 196개의 울타리를 추가로 설치하라고 명했다.

여기서 잠깐 베이징의 성문에 대해 알아보자. 베이징 중심부는 자금성故宮. 고궁을 중핵으로 내구외칠內九外七 황성사문皇城四門으로 이뤄졌다. 내성 9개 문, 외성 7개 문, 황성 4개 문이라는 뜻이다. 경복궁 앞에 광화문이 있고 광화문을 4대문이 둘러싼 것과 비슷하지만, 서울 4대문과 비교할 수 없을 만큼 범위가 넓고 문의 규모도 웅장하다.

먼저 자금성(황성)을 둘러싼 가장 안쪽의 황성 4개 문은 우리가 잘 알고 있는 톈안먼을 비롯해 디안먼地安門. 지안문, 둥화먼東華門. 동화문, 시화먼西華門. 서화문을 뜻한다. 톈안먼이 정문이다.

이 4대문을 둘러싼 게 내성 9개 문이다. 정양먼正陽門. 정양문, 충원먼崇文門. 숭문문, 쉬안우먼宣武門. 선무문, 차오양먼朝陽門. 조양문, 둥즈먼東直門. 동직문, 푸청먼阜成門. 부성문, 시즈먼西直門. 서직문, 안딩먼安正門. 안정문, 더성먼德勝門. 덕승문이 바로 내성 9개 문이다. 지하철 2호선 순환선이 내성 9개 문을 모두 지난다.

외성 7개 문은 내성 9개 문의 남쪽에 포진해 있다. 충원먼 동쪽에 둥볜먼東便門. 동편문, 쉬안우먼 서쪽에 시볜먼西便門. 서편문이 있고, 둥볜먼과 시볜먼 아래로 광취먼廣渠門. 광거문, 쥐안먼左安門. 좌안문, 융딩먼永定門. 영정문, 요우안먼右安門. 우안문, 광닝먼廣寧門. 광녕문이 자리한다.

청나라가 세워지면서 황성 4개 문과 내성 9개 문 안에는 만주족만 거주할 수 있게 됐다. 황성과 내성 주변에 살던 한족들은 첸먼 밖으로 밀려났다. 이들 중 상당수가 명나라 때 부귀영화를 누리던 귀족이거나 거상이었다. 이들은 자연스럽게 다자란에 모여 상권을 이뤘다. 큰 울타리가 쳐진 까닭에 치안까지 좋았다. 상점이 들어설 수 있는 최적의 조건이었다. 베이징 최고의 번화가라는 명성은 아직도 이어지고 있다. 지금은 대표적인 관광 거리가 돼 주말 유동인구가 30여만 명에 이른다고 한다.

옛 베이징 사람들은 '머리에는 마쥐위안馬聚元, 마취원 모자를 쓰고, 네이렌성內聯昇, 내연승 신발을 신고, 빠다샹八大祥, 팔대상 옷을 입고, 허리에는 쓰다헝四大恒, 사대항을 둘러야' 제대로 멋을 낸 것이라고 했다. 마쥐위안은 모자, 네이렌성은 신발, 빠다샹은 옷, 스다헝은 허리띠 브랜드 및 가게의 이름이다. 이 브랜드들을 갖춰 입어야 패션이 완성된다고 본 것이다. 이들의 공통점은 모두 다자란 거리에서 생겨나 100년 이상을 이어온 라오즈하오라는 것이다. 유서 깊은 비단 가게인 루이푸샹瑞蚨祥, 서부상과 중국을 대표하는 약제 브랜드인 퉁런탕同仁堂, 동인당도 다자란에서 탄생했다.

옛 베이징 사람들은 먹는 것보다 옷차림을 더 중시했다. 특히 신발을 중시했다. '부자인지 아닌지 알려면 신발부터 보라', '발에 힘을 주어야 얼굴이 빛난다'라는 속담이 있을 정도다. 여기서 말하는 신발은 헝겊을 수백 번 덧대 밑창을 만든 중국 전통 신발인 부셰布鞋, 포혜를 말한다.

다자란 후통에 있는 전통 신발 가게 네이렌성은 중국에서 가장

다자란에 있는 전통 신발 가게 네이롄성

네이렌성에 전시된 전통 신발 부셰

유명한 상점 중 하나다. 지금은 3층짜리 빌딩을 모두 신발 진열대로 쓸 정도로 기업화됐다. 마오쩌둥, 저우언라이, 덩샤오핑, 류사오치 등 중화인민공화국을 건설한 초기 지도자들도 모두 이 가게에서 만든 신발을 신었다고 한다. 가게 내부에는 지도자들이 네이렌성 제품을 신고 있는 모습을 담은 사진이 많이 전시돼 있다. 부셰는 언뜻 싸 보이지만, 가격이 만만치 않다. 특히 네이렌성에선 한 켤레에 보통 300위안(약 5만 원)~500위안 정도 한다. 비싼 것은 2,000위안이 넘는다. 헝겊을 수백 번 덧대고 비단으로 수를 예쁘게 놓았다는 점, 그리고 네이렌성이라는 브랜드 가치가 합쳐져 고가를 형성하고 있다.

네이렌성의 역사도 재미있다. 청 함풍제 3년(1853) 허베이 사람 자오팅趙廷. 조정은 다자란에 부셰 가게를 열고 가게 이름을 '네이렌성內聯昇'이라고 지었다. '內'은 황궁을 의미하고 '聯昇'은 계속 승진한다는 뜻이다. 승진을 갈구하는 조정 관료들을 겨냥한 작명이었다. 자오팅은 당연히 관료들을 주요 고객으로 삼았다. 하위직 관리들은 직접 가게에 와서 신발을 맞췄지만, 고위직 관리들은 네이렌성 직원을 관청으로 불러들여 치수를 재라고 했다. 가게에는 고위 관리들의 발 사이즈와 좋아하는 스타일이 적힌 기록이 차곡차곡 쌓여 갔다. 주인 자오팅은 고객의 이름, 나이, 주소, 치수, 스타일 등을 자세히 적은 장부를 손님들이 볼 수 있도록 가게 안에 전시했다. 네이렌성 고객 명부에 오르는 것 자체가 성공한 인물임을 증명하는 셈이었다. 하급 관리들은 명부를 보고 자기들이 오르고 싶어 하는 자리에 있는 상급 관리들의 스타일을 따라 신발을 맞췄다. 고객 명부 덕에 사업이 갈수록 번창했다. 마지막 황제 푸이의 신발도 이곳에서 납품했다.

1911년 신해혁명으로 청 왕조가 무너지자 네이렌성도 타깃 고객층을 평민으로 재빨리 바꿨다. 스타일이나 자수를 강조하던 것에서 탈피해 튼튼하고 편한 신발을 만들어 노동자들의 호감을 샀다. 가볍고 탄력이 좋아 쿵푸와 태극권 등 무술을 연마하는 사람들에게도 큰 인기를 끌었다.

이처럼 다자란에 즐비한 옛 가게들은 나름대로 깊은 사연을 갖고 있다. 모르고 둘러보면 평범한 가게처럼 보이나, 알고 보면 모두가 보물 같은 상점들이다. 다자란을 걷다 보면 '중국 영화 탄생지'라는 문패가 걸린 영화관도 만날 수 있다. 이 건물은 중국 영화 창시자인 린칭타이任慶泰, 임경태(1850~1932)가 1902년 사들여 중국 최초의 영화관으로 꾸민 곳이다. 1905년 이곳에서 중국 최초의 영화 「딩쥔산定軍山, 정군산」이 상영된 이후 지금까지 계속 영화가 상영되

다자란에 있는 최초의 중국 영화관

고 있다. 딩쥔산은 전설적인 경극배우였던 탄신페이談鑫培, 담흠배가 회갑을 맞아 경극 공연을 하는 장면을 린칭타이가 프랑스제 영사기로 찍은 단편 무성영화다. 탄신페이의 공연이 너무 비싸 직접 관람할 엄두를 내지 못했던 서민들이 이곳에 몰려 대성황을 이뤘다고 한다.

다자란에는 유서 깊은 라오즈하오 말고도 평범한 음식점, 기념품점, 신발 가게, 주점 등이 무수히 많아 중국 서민들의 생활을 엿볼 수 있다. 허름한 전통 건물의 풍미를 그대로 살려 유스호스텔이나 여관으로 쓰는 곳도 많다. 한국 관광객들은 주로 호텔에 묵지만, 서양이나 동구권 국가에서 온 관광객들은 근대 중국의 맛을 제대로 느끼기 위해 이런 허름하고 싼 숙소를 일부러 찾는 경우가 많다. 민박집으로 운영되는 베이징 도심 전통 사합원도 많으니 젊은 이들은 굳이 호텔보다는 사합원을 택하는 것도 좋을 것이다.

조선 선비들이 흠모했던
문방사우의 고향 류리창

다자란 후통 끝에 연결돼 있는 류리창琉璃廠, 유리창 후통은 중국 정부가 작심하고 꾸민 문화의 거리다. 붓, 벼루, 종이, 먹 등 문방사우文房四友 가게들이 저마다의 역사를 간직한 채 옛 정취를 뽐내고 있다. 가게에 들어서면 기술자들이 모여 앉아 정성스럽게 붓을 만드는 공정을 지켜볼 수 있다. 성인 키보다 큰 붓에서 샤프심보다 가는 붓까지 구경할 수 있다. 묵향이 은은하게 퍼져 산만한 정신이 정돈되는 느낌이다. 어느 표구방에 들어가도 중국 산수화와 서예를 무료로 감상할 수 있다. 옛 조선의 선비들이 베이징에 오면 꼭 들러서 품질 좋은 문방사우를 사 갔던 곳이기도 하다.

특히 옥돌에 글씨를 새겨 넣은 수공예 작업이 환상적이다. 현미경으로 봐야만 글자가 드러날 정도로 정교하게 새겨진 것도 많다.

중국 정부가 문화의 거리로 조성한 류리창 골목

옛날에는 전국의 도장 기술자들이 죄다 모인 곳이었다고 한다. 대장정을 승리로 끝낸 마오쩌둥은 이곳의 도장 기술자 장웨청張樾丞, 장월승에게 중화인민공화국 국새를 만들어 달라고 요청했다. 장웨청과 두 아들은 1주일간 밤샘 작업 끝에 드디어 국새를 완성했다. 국새가 처음 찍힌 문서는 중화인민공화국을 처음으로 인정한 국가 중 하나인 스웨덴의 국왕에게 보내는 국서였다. 현재 이 국새는 중국혁명역사박물관에 보관돼 있다.

류리창은 원나라 때부터 매우 중요한 후통이었다. 원나라 조정은 이곳에 궁궐에 쓰일 기와를 전문적으로 굽는 관급 도요지를 세웠다. 유리기와 공장이라는 뜻의 류리창琉璃廠은 이때 붙여진 이름이다. 류리琉璃는 우리가 알고 있는 단순한 유리가 아니라 자금성 지붕을 덮고 있는 황금색 수정 유리를 뜻한다. 명나라 시대 들어서는 황성을 감싸는 내성을 건설하면서 유리기와 수요가 폭증했다. 이에 따라 류리창의 규모도 커져 조정에서 직접 운영하는 5대 유리기와 공장이 모두 이곳에 있었다. 류리창의 유리기와 덕택에 베이징 황성과 내성의 지붕들이 찬란하게 빛났다. 명 가정제 32년(1553)에는 수도가 팽창하면서 내성 남쪽으로 외성을 추가로 증축해야 했다. 류리창은 새로 쌓은 외성 안쪽에 놓이게 됐다. 황실 규정상 성내에는 공장을 둘 수 없었다. 이 때문에 류리창의 유리기와 공장이 외성 밖으로 모두 이전됐다. 다만, 후통 이름은 그대로 남았다.

유리 공장이 떠난 자리에는 소규모 노점들이 들어섰다. 특히 청나라 초기 순치제 때부터 만주족과 한족의 거주 분리 정책이 시행

됐다. 이에 따라 한족 관원들은 모두 내성 밖으로 나와 류리창 주변에서 터를 잡았다. 한족 관원들의 출신 지역은 다양했다. 자연히 류리창에 각 지방의 향우회가 속속 들어섰다. 중국에서는 향우회 건물을 음식점과 호텔 개념이 곁들여진 회관會館이라고 부른다. 지금도 이 지역에는 각 지역 회관이 많이 있다. 회관이 생기자 지방에서 과거를 보러 온 유생들이 회관에 머무는 현상이 나타났다. 이들은 회관에서 막바지 시험공부를 했다. 자연히 문방사우 수요가 늘었고, 붓과 벼루 등을 파는 가게가 우후죽순처럼 생겨났다. 쳰먼 주변의 책방들까지 덩달아 모두 이곳으로 옮겨왔다.

특히 건륭제 37년(1772)에 『사고전서四庫全書』라는 초대형 총서를 편찬하라는 황제의 명령이 떨어졌다. 이로 인해 류리창은 최대 번성기를 맞았다. 유사 이래 전국에 흩어져 있던 중국의 모든 유학 경전과 역사서를 모으는 작업이었던 사고전서 편찬에 동원된 학사들이 류리창으로 몰려들었다. 『사고전서』의 분량은 3,503종, 7만 9,337권, 약 230만 페이지에 이른다. 수많은 문인묵객들이 몰려드니 전국의 서점들이 모여들어 책을 사고파는 거대한 책 시장이 형성됐다. 책 시장은 다시 문방사우 가게와 골동품점, 표구점을 끌어들여 완전체 문화의 거리가 됐다.

다자란의 라오즈하오(노포)가 주로 신발이나 비단 등 의복 가게 중심이라면 류리창의 라오즈하오들은 대부분 문방사우, 목판인쇄, 시화, 고서적과 관련이 깊다. 화이인산팡槐蔭山房, 괴음산방, 구이자이 古藝齋, 고예재, 루이청자이瑞成齋, 서성재, 추이원거萃文閣, 췌문각, 이더거―

100년 이상의 역사를 가진 류리창의 대표 상점 영옥재 외관

得閣. 일득각, 다이웨쉬안戴月軒. 대월헌, 룽위자이榮玉齋. 영옥재 등이 100년 이상 된 문방사우 가게다. 이들 가게 이름 뒤에 붙은 산방山房, 재齋, 각閣, 헌軒은 주로 서예나 서화와 관련된 곳에 쓰이는 한자다.

붓에 관한 한 중국 최고의 제품을 만드는 가게 다이웨쉬안戴月軒 은 1816년 류리창에 처음 들어섰다. 저장성 후저우 출신의 붓 기술 자 다이웨쉬안의 이름을 땄다. 후저우는 중국에서 가장 품질 좋은 붓을 생산하는 지역으로 지금도 유명하다. 후저우에서 생산한 붓 을 뜻하는 '후비湖筆 호필'는 좋은 붓의 대명사가 됐다. 다위웨쉬안은 류리창에서 후비를 거의 독점적으로 생산했다.

수많은 문장가, 화가, 서예가가 이 가게의 붓을 좋아했다. 대문호 루쉰, 중국인이 가장 사랑하는 화가 치바이스 등이 이곳의 단골 손님이었다. 특히 중국 공산당 중앙판공청과 국무원에서 쓰는 공식 붓도 이곳에서 만들었다. 당연히 마오쩌둥 주석과 저우언라이 총리의 붓도 다이웨쉬안에서 만든 것이었다.

이 가게는 붓 만드는 비법을 공개하는 것으로도 유명하다. 기술을 혼자 독점하는 것이 아닌 모두와 공유하는 것으로 붓의 품질을

류리창의 대표 붓 가게 다이웨쉬안에서 젊은 기술자들이 붓을 만들고 있다.

다 같이 올리자는 게 이 가게의 목표였다. 더욱이 가난해서 새붓을 사기가 여의치 않은 묵객이나 화가들이 숱이 문드러진 붓을 가져오면 새 것처럼 수선해줬다.

필자가 다이웨쉬안을 방문했을 때 마침 젊은 노동자 세 명이 모여 앉아 붓을 만들고 있었다. 이중 한 남성 노동자는 우리 가게는 청나라 황실과 신중국 이후 인민대회당에서 쓰던 붓을 만들었다면서 "아버지에 이어 나도 붓을 만드는 기술자인데, 중학교 때부터 이 일을 배웠다"라고 말했다. 그는 특히 옛날 조선 사신들도 황제를 알현하러 오면 류리창을 찾아 품질 좋은 붓을 사 갔다고 들었다면서 한국에도 아직 붓글씨를 쓰는 전통이 있느냐고 물었다. 그 물음에 필자는 "중국 어린이들이 서예 학원에서 글씨를 배우며 정신수양을 하듯 한국에서도 붓글씨는 여전히 활발하게 이어져 오며, 글씨는 쓰는 이의 마음을 나타낸다고 하여 붓글씨 쓰는 취미가 상당히 품격 있는 취미로 받아들여지고 있다"라고 일러 됐다.

빈(貧)과 부(富),
아(雅)와 속(俗)을 가르는 길

첸먼에서 남쪽으로 약간 내려오면 주스커우珠市口, 주시구로 불리는 큰 사거리가 나온다. 지하철역 이름도 주스커우역이다. 예전에는 상권이 번화해 '금십자金十字'로 불리기도 했다. 명대 때는 이곳이 발음은 같으나 뜻이 다른 주스커우猪市口, 저시구였다. 돼지猪를 사고 파는 시장이었다는 뜻이다. 청대 들어 첸먼 안쪽이 번화하면서도 주스커우의 돼지시장은 쇠퇴해 갔다. 막상 돼지시장이 사라지자 사람들은 거리 이름을 음은 같으나 뜻이 우아한 '구슬珠시장'으로 고쳤다.

주스커우 사거리의 동쪽 대로는 주스커우둥다제東大街이고 서쪽 대로는 주스커우시다제西大街로 불린다. 동서로 뻗은 이 거리는 역사적으로 중요한 의미를 갖는다. 이 길을 사이에 두고 북쪽과 남쪽 문화가 명확하게 갈렸기 때문이다. 자금성과 가까운 북쪽은 부귀와 우아함을 상징했고, 자금성과 먼 남쪽은 가난과 저속함을 나타냈다. 과거 베이징 토박이들은 이 길을 사이에 두고 두 지역을 '다오얼베이道兒北(도로 북쪽)', '다오얼난道兒南(도로 남쪽)'으로 구분해서 불렀다. 우리가 강남, 강북을 말할 때 단순한 지리적 구분이 아니라 빈부 격차, 문화 격차 등 사회적 의미가 내포되는 것과 비슷하다.

청말 민국 초기 유명하고 값비싼 상점이나 유명 배우가 나오는 희극 극장은 대부분 다오얼베이에 있었고, 저렴한 상점과 무명 배우가 출연하는 극장은 다오얼난에 있었다. 다오얼베이에서 활동하던 배우들이 다오얼난으로 내려가는 것은 곧 은퇴를 의미했고, 다오얼난에 있는 배우들은 기를 쓰고 북쪽으로 진출하려고 했다. 남북의 경계가 된 주스커우 교차로에는 북쪽에 상점을 내기에는 돈이 약간 모자라고 남쪽으로 내려가기엔 돈이 약간 남는 상인들의 가게가 즐비했다. 북쪽으로 진출하기 위해 명성을 쌓고 있는 희극

사진 오른쪽이 자금성과 가까운 북쪽으로 부귀를 상징하는 곳이었고,
왼쪽은 상대적으로 가난하고 저속한 곳으로 괄시를 받았다.

배우들과 극장도 많이 생겼다. 이 교차로가 일종의 '등용문騰龍門'인
셈인데, 주스커우에서 비상하면 비로소 용이 됐다.

주스커우시다제에는 역사가 오래된 약방과 음식점들이 많다.
가장 대표적인 것이 더쇼우탕德壽堂, 덕수당이라는 약방과 진양판좡晉
陽飯庄, 진양반장이라는 식당이다. 더쇼우탕에 가면 중국 전통 약재들
을 한눈에 볼 수 있다. 약국이라기보다는 약재 전시장으로 보일 정
도로 규모가 크다. 1959년에 개업한 진양판좡은 북경에서 가장 유
명한 정통 산시山西, 산서 풍의 음식점이다. 산시성 음식은 담백해 한
국인의 입맛에 잘 맞는다.

무엇보다 이 거리에서 가장 유명한 곳은 주스커우시다제 241호에 있는 지사오란紀曉嵐, 기효람(1724~1805) 고택이다. 본명이 지윈紀昀, 기윤인 지사오란은 건륭제의 명령을 받아『사고전서』를 완성한 청나라 대학자다. 초대형 총서인 사고전서는 1772년 시작된 이후 무려 13년에 걸친 작업 끝에 완성됐다.『사고전서』는 고대 이래 계속 이어져 온 중국 유가의 중요 서적을 경經, 사史, 자子, 집集의 4고로 분류해 모두 수집하고 편찬(전서)했음을 뜻한다. 사고전서의 분량은 3,503종, 7만 9,337권, 230만 페이지로 글자 수는 8억 자에 이른다.

　　건륭제는 각 지역 관리들에게 그 지역에 남아 있는 유가 경전들을 모두 조사하고 필사해 보고토록 명했다.『사고전서』편찬을

중국 유가의 중요 서적을 한데 묶은 「사고전서」

위해 사고전서관을 설립했고, 지사오란을 편집 책임자인 총찬관으로 임명했다. 편찬 작업에 참여한 학자가 3,600여 명, 원문을 베껴 쓰는 필사자가 3,800여 명이었다.

『사고전서』는 황궁 보관용으로 4부를 만들었다. 자금성의 문연각, 선양 고궁의 문소각, 열하 피서 산장의 문진각, 원명원의 문원각에 각각 보관됐다. 원명원『사고전서』는 1860년 영불英佛 연합군이 원명원을 약탈, 파괴할 때 소실됐다. 자금성 문연각에 있던 것은 국공 내전에서 패한 국민당이 대만으로 가져갔다. 단재 신채호는 베이징에 머물 당시 중국 혁명가들의 도움을 받아 자금성 문연각의『사고전서』를 한국인 최초로 열람했다고 한다.

지사오란의 옛집. 고택 내에 있는 기념관 중앙에 지사오란의 초상화가 걸려 있다.

『사고전서』는 만주족이 세운 청이 한족의 글과 정신을 오히려 확장시키고 발전시킨 좋은 사례다. 민족적으로나 문화적으로 소수였던 만주족은 다수였던 한족을 효율적으로 지배하기 위해 나라를 세우자마자 자신들의 말과 글을 버리고 한족의 문화에 기꺼이 동화됐다. 민족을 떠나 군자의 통치를 강조하는 유가 사상은 만주족의 군자(황제)가 한족을 지배할 수 있다는 논리적 근거가 되기도 했다. 유가 사상을 계승 발전시키는 것은 한족 유생들의 반발과 반란을 막는 데도 주효했다. 청 황실은 대학사 이하 고급 관료를 만주족과 한족이 반반씩 차지해 상호 보완하도록 했다.

17세 때 향시에 합격해 수재秀才에 오른 지사오란은 열미초당閱微草堂이라고도 불리는 주스커우시다제 241호에서 11세부터 39세까지, 그리고 48세부터 82세까지 모두 62년을 살았다. 39세부터 48세까지는 신장 우루무치로 유배를 갔다. 유배 중에 『사고전서』를 편집하라는 황제의 명령을 받고 돌아왔다. 241호는 전형적인 사합원 건물로 방과 방을 연결하는 통로에 놓인 의자에 앉아 새소리를 들을 수 있는 한적한 고택이다. 지사오란이 직접 심은 해당화 나무가 넉넉한 그늘을 만들어 준다. 고택 안에는 지사오란의 초상화가 걸려 있고, 『사고전서』 복사본도 전시돼 있다. 전시 공간이 많아 서예 작품 등이 연중 전시되고 있으며, 지사오란이 쓰던 유품과 저작도 볼 수 있다.

뜰에는 지사오란과 아내 마웨팡馬月芳, 마월방을 상징하는 조형물이 있다. 천재였던 지사오란이 과거에 장원급제하자 수많은 권세

고즈넉한 지사오란 옛집의 뜰

가문에서 딸을 시집보내려고 했다. 그러나 지사오란은 모든 규수를 거절하고 마웨팡에게 장가를 간다고 선언했다. 뛰어난 글재주와 미모를 자랑하던 마웨팡에게도 수많은 인재들이 장가를 들려고 몰렸다. 마웨팡은 지사오란에게 48자로 된 해석이 불가한 글을 건네 보이며 글자를 더하거나 빼지 말고 있는 글자만 이용해 운치 있는 시로 바꾸어 보라는 문제를 냈다. 글깨나 읽었다던 선비들이 모두 나가떨어진 문제였다. 하지만 지사오란은 한자 속 획과 점을 적절히 옮기고 적당히 끊어 읽어 근사한 시로 만들어 냈다.

1920년대에는 이 고택에 군벌정부인 북양정부에서 의원을 지낸 류샤오바이劉少白. 유소백가 살았다. 류샤오바이는 1929년부터 1931년까지 톈진 검역국 국장으로 있으면서 자신의 신분을 이용해 몰래 공산당 지하당을 조직했다. 당시 이곳은 공산당 중앙과 허베이 지부의 비밀 회합 장소였다. 시기적으로는 아리랑의 김산이 공산당 베이징 지부와 허베이 지부에서 지도자로 활동하고 있을 때여서 김산 역시 이 고택에서 공산 혁명과 항일 투쟁을 논의했을 가능성이 있다.

기녀들의 은밀한
이야기를 품은 뒷골목

베이징 후통 가운데 묘한 호기심을 자극하는 곳 중 하나가 빠다八大. 팔대 후통이다. 이 후통은 하나의 후통이 아니라 다자란와 첸먼다제, 주스커우다제가 포위하고 있는 8개의 후통을 묶어서 부르는 이름이다. 산시샹陝西巷. 섬서항●, 스터우石頭. 석두 후통, 쭝수셰제棕樹斜街. 종수사가, 한자韓家. 한가 후통, 바이순百順. 백순 후통, 옌즈胭脂. 연지 후통, 주자朱家. 주가 후통, 다리大力. 대력 후통이 빠다 후통을 이룬다.

이 후통들의 특징은 여성들의 볼 화장인 연지가 후통 이름에 등장하는 것에서 힌트를 얻을 수 있다. 바로 청나라 시대부터 민국

● 항은 골목이라는 뜻이다.

시대까지 베이징의 최대 홍등가였다. 남쪽 수도 난징에 친화이허秦
淮河. 진회강 홍등가가 있었다면 북쪽 수도 베이징에는 빠다 후통 홍
등가가 있었다. 친화이허는 지금도 난징에 가면 꼭 들러야 할 아름
다운 관광지로 뱃놀이가 일품이지만, 빠다 후통은 중국인들의 머
릿속에서도 잊힌 안타까운 곳이다.

홍등가라고 해서 집창촌만 연상한다면 빠다 후통을 제대로 이
해하지 못할 수 있다. 어지러웠던 청 말기 이 거리들이 집창촌의
양상을 띠긴 했지만, 애초에는 시와 노래가 끊이지 않던 풍류의 골
목이었다. 황진이와 같은 조선시대 기녀들처럼 청조의 기녀들도
술을 따르고 몸을 파는 여성들이라기보다는 시를 읊고 악기를 연
주하는 여성들이라는 이미지가 더 강하다. 빠다 후통을 중심으로
첸먼 외곽에는 300여 개의 기원妓院. 기방이 있었다고 한다.

기원은 기녀들의 수준과 실내 장식, 기원 내에서의 풍류와 서비
스를 기준으로 1~4등급으로 나뉘었다. 빠다 후통에는 1~2등급의
기원들이 주로 몰렸다. 특히 바이순, 옌지, 한자, 산시샹은 최고 등
급인 1등급 기원의 집산지였다.

빠다 후통 기녀들은 남반南班과 북반北班으로 나뉘었다. 남반은
장강(양쯔강) 이남 출신의 한족 기녀들로, 미모는 물론 예술적 재능이
출중했다. 반면, 북반은 북방 만주족 출신 여성들로 외모는 출중했
으나, 문화적 소양은 비교적 낮았다. 빠다 후통에는 교양 있는 남반
기녀들이 많아 이들과 풍류를 읊으며 놀아 보려는 고관대작들이
많이 찾았다.

빠다 후통에 고급 기방이 많이 생긴 이유는 여러 가지다. 우선 자금성과 비교적 가까워 고관대작들의 출입이 용이했다. 청조 말기에는 베이징역이 생겨 유동 인구가 많아졌고, 다자란과 류리창 등 주변 상권이 커 거상들이 많았다. 희극원과 차관, 유곽이 많이 생기면서 먹고 마시고 즐기는 유흥 중심지가 됐다. 이런 곳에 기방이 생기지 않는다면 그게 오히려 이상할 정도다.

특히 청조 말기에는 중국 희극의 으뜸으로 치는 안후이성 희극단徽班, 후이반이 베이징으로 진출해 바이순 후통에 자리를 잡은 이후 전국의 주요 희극단이 빠다 후통 곳곳으로 몰려들었다. 고객들이 어린 남성 단원들을 원하는 경우가 많아지면서 남기男妓[•] 문화가 유행하기도 했다. 현재 빠다 후통은 대부분 민가로 변해 기원의 옛 모습을 온전히 간직한 곳은 없다. 그러나 후통 구석구석을 잘 살펴보면 많은 흔적을 발견할 수 있다.

기방의 흔적을 그나마 많이 간직한 곳이 산시샹 52호와 22호다. 52호 대문에는 윈난성과 지린성의 합작 희극단인 윈지반云吉班, 운길반이 머물던 곳이라는 표식이 붙어 있다. 1등급 기원이었던 윈지반을 운영한 인물은 청말 최고의 '남반' 명기로 이름을 날렸던 샤오펑셴小風仙, 소풍선이다. 샤오펑셴은 쑨원을 도와 신해혁명을 주도한 뒤 위안스카이와 맞섰던 차이어蔡鍔, 채악 장군의 연인이기도 했다. 위안스카이는 정적인 차이어를 가택연금시켜 놓고 감시했다. 차이

빠다 후통의
한 골목인 산시샹에
남아 있는 옛 기방

어는 샤오펑셴을 매일 집으로 불러들여 술과 차를 마시며 놀았다.
차이어가 주색잡기에 미쳤다고 판단한 위안스카이는 비로소 안심
했다. 감시가 허술해진 틈을 이용해 샤오펑셴은 차이어를 일본으
로 망명시키는 데 성공했다. 두 사람의 사랑 이야기를 그린 영화
〈지음知音〉이 만들어지기도 했다.

천하 명기로 이름을 떨친 샤오펑셴이 운영하던 산시상 22호 기방

　2층으로 된 청회색 서양식 건물인 윈지반 고거는 지금은 민가
로 변해 많은 사람이 입주해 살고 있다. 어지럽게 얽힌 전선과 낡
은 창틀이 위태롭기까지 하다. 다만, 이곳이 한때 풍류객들이 술잔
을 기울였던 유명한 기원이었다는 증표는 건물 내부 곳곳에 남아
있다. 특히 처마에 화살촉 모양으로 매달린 목재 발은 이곳이 베이
징에서 상당히 유명한 기원이었음을 말해 준다. 화살촉 모양으로
드리워져 처마를 따라 줄줄이 이어진 발은 청대 기방 특유의 장식
이다. 붉은색 계단을 통해 2층으로 올라가면 난간이 제법 넓은 방
이 나온다. 창문을 활짝 열어 놓고 술을 마시면 꽤 운치가 있었을

것으로 보인다.

52호에서 멀지 않은 곳에 있는 22호 역시 샤오펑셴이 운영하던 기방이다. 지금은 '아라이 객잔'이라는 유스호스텔로 변했다. 52호와 비슷한 서양식 2층 건물이지만, 유스호스텔로 개축되면서 깔끔해졌다. 산시샹의 랜드마크라고 한다. 베이징으로 여행을 온 중국의 지방 학생들은 물론 배낭여행을 온 해외 학생들이 주로 묵는다. 하늘에서 내려다보면 가운데가 뻥 뚫린 정사각형 모양의 건물이다. 천장이 유리로 되어 있어 뜰에 앉아 있으면 채광이 좋고 꽃과 수석이 많아 운치가 있다. 내부에는 샤오펑셴의 초상화와 마오쩌둥의 초상화가 어색하게 대비된 채 걸려 있다.

샤오펑셴과 함께 빠다 후통에서 가장 유명했던 '남반' 명기는 사이진화塞金華, 새금화(1872~1936)다. 미인이 많이 나온다는 장쑤성 쑤저우 출신인 그녀는 몰락한 귀족 집안의 딸로 태어났다. 본명은 자오링페이趙靈飛, 조령비다. 밥벌이를 하기 위해 13세 때부터 최대 고급 홍등가였던 난징의 친화이허에서 손님 시중을 들었다. 기녀의 일을 배우며 가문에 누가 될까 우려해 이름을 푸차이윈傅彩云, 보채운으로 바꾸었다. 미모는 물론 친화력이 뛰어나 친화이허 홍등가에선 순식간에 유명해졌다.

광서제 14년(1888) 과거에서 장원을 차지한 훙쥔洪均, 홍균이 사이진화를 보자마자 반해 세 번째 첩으로 삼았다. 사이진화는 16세였고 훙쥔은 34세였다. 능력 있는 외교관이었던 훙쥔은 독일, 오스트리아, 러시아, 네덜란드 4개국 전권 대사가 돼 독일로 부임했다. 훙쥔의 정부인은 유교를 중시하는 여성이어서 유럽 사교계와 전혀 어울리지 않았다. 그러나 사이진화는 금방 유럽 생활에 적응했다. 그녀는 훙쥔이 부임한 직후 대사관저에 '철의 재상' 비스마르크와 발더제 장군 등 독일의 권력자 부부들을 모두 초청해 성대한 파티를 열었다. 사이진화는 독일 사교에서도 곧바로 유명인사가 됐다.

산시샹 22호
내부 모습.
옛날 기방 구조가
많이 남아 있다.

베이징으로 돌아온 홍쥔은 1893년 병으로 죽었다. 그가 죽자 홍씨 가문은 기생 출신이었던 사이진화를 내쫓았다. 사이진화는 외국 열강의 조계지가 많았던 상하이로 가서 자기의 원래 성인 자오趙를 따 '자오멍란趙夢欄, 조몽란'이라는 기원을 열었다. 곧바로 문전성시를 이뤘다. 1898년 그는 이름을 사이진화로 개명하고 톈진으로 가서 톈진의 미인들을 죄다 불러 모아 '진화반金華班, 금화반'이라는 기원을 열었다. 역시 대성공이었다. 톈진에서 호부상서란 관직을 맡고 있던 정승 수리산書入山, 서립산과 눈이 맞은 그녀는 수리산을 따라 다시 베이징으로 와 빠다 후통의 하나인 산시샹에 호화스러운 기원을 새로 차렸다.

당시 베이징은 서양을 배척하는 무장 세력인 의화단과 이를 진압하러 온 열강 8개국 군대가 서로 얽혀 싸우는 전쟁터가 되어 버렸다. 안후이성 등 남쪽에서 시작된 의화단 세력이 톈진을 거쳐 베이징까지 치고 올라온 것이다. 의화단 단원들은 서양 열강의 관공서를 불사르고 선교사들에게 테러를 가했다. 이에 영국, 독일, 프랑스, 러시아, 일본, 오스트리아, 이탈리아, 미국 등 8개국 연합군은 의화단 진압을 명목으로 톈진을 거쳐 베이징으로 들어왔다. 베이징에서 마지막 세력을 진압한 열강 군대는 실권자인 서태후가 머물던 자금성까지 점령하고 굴욕적인 베이징 의정서(신축조약)를 강요했다. 8개국 연합군 총사령관은 독일의 발더제 장군이었다. 독일에 살 때 친교를 다졌던 사이진화는 발더제를 만나 "독일군은 명예를 생명처럼 중시하는데, 어찌 베이징에서 사람을 죽이고 문화재를 약탈하느냐"라고 따졌다. 그제야 발더제는 약탈을 중지하라는 명령을 내렸다. 사이진화는 발더제와 함께 큰 말을 타고 자금성을 돌아다녔다. 그를 기생이라고 멸시하던 황족과 고관들이 모두 그의 발밑에 있었다.

산시샹 골목에는 유독 미장원이 많다. 예전에도 기녀들의 머리와 화장을 담당하는 미용 가게들이 있었을 것이다. 한 미장원의 종업원들은 짧은 치마를 입고 담배를 물고 있었다. 마치 성매매 업소 종업원이 호객 행위를 하는 것 같았다. 혼란스러웠던 청조 말기와 민국 초기를 거치면서 매음 쪽으로 기운 기방의 흔적이 퇴폐 미장원에 남아 있는 듯했다.

빠다 후통 중 하나인 주자 후통과 다자란을 이어 주는 좁은 골목인 주마오朱茅, 주모 후통 9호는 보기 드물게 기방의 모습이 거의 고스란히 남아 있는 곳이다. 대문 위 회색 벽면에 쥐바오차스聚寶茶室, 취보차실라는 글자가 선명하게 남아 있다. 차실은 차를 마시는 차관이나 다방이란 뜻도 있지만, 2등급 기방을 부르는 말이기도 하다. 1등급 기방은 칭인샤오반淸吟小班, 청음소반으로 불렸고, 3등급은 샤추下處, 하처, 4등급은 투창土娼, 토창으로 불렸다. 투창은 사창私娼과 같은 뜻으로, 가장 등급이 낮은 4등급 기원이 바로 사창가였던 셈이다.

2층으로 된 이 건물 내부는 수십 명이 모여 사는 민가로 변했지만, 기방의 특성이 잘 남아 있다. 특히 산시샹 원지반에서 보았던 화살촉 모양의 목재 처마 발이 애초의 색이었던 초록색을 간직한 채 또렷하게 남아 2층 난간을 휘감고 있다. 가운데가 네모로 뚫려 하늘이 올려다 보이는 지붕 배치도 기방의 전형적인 구도다. 2층으로 올라가는 나무 계단도 옛 모습 그대로 남아 있다. 녹색 처마와 빨간 나무 창틀도 청나라 시대 기방의 상징적인 요소다.

대문 밖에서는 이런 내부의 모습을 볼 수 없는 폐쇄형 건물인

주마오 후통에 있는
취보차실의 외관

취보차실의 내부 모습. 청말 기방의 형태를 거의 완벽하게 간직하고 있다.

데, 벽돌을 아치형으로 쌓아 올린 점이 특이하다. 취바오차스라는 상호명 밑에는 푸루福祿, 복록라고 적혀 있다. 행복이라는 뜻이다. 건물이 특이하게 생겼다며 둘러보는 중국인 관광객에게 "이곳이 기원이었다는 사실을 알고 있느냐"라고 물으니 "전혀 몰랐다"라며 오히려 필자에게 설명을 부탁했다. 아는 대로 설명을 해 주니 연신 고개를 끄덕이며 중국인보다 중국 문화를 더 잘 안다고 신기해했다. 아는 만큼 보이는 법이다.

폭 0.7미터 골목,
왕년의 월스트리트

지도가 가리키는 대로 쫓아왔지만, 막상 목적지를 찾을 수 없을 때 난감하기 짝이 없다. 그 지역에서 오래 산 상인들이 분명히 '저쪽으로 가면 있을 것'이라고 했는데, 막상 가 보고 없을 때는 찾기를 포기하고 싶은 심정이다. 첸스錢市, 전시 후통이 바로 그런 곳이다. 상인들의 말에 따라 주변을 몇 바퀴나 돌고 세상에서 가장 정확하다는 검색 포털 바이두의 길찾기를 따라가 봐도 좀처럼 찾을 수가 없었다.

몇 시간을 헤맨 끝에 드디어 첸스 후통 초입을 찾았을 때 비로소 알았다. 이 후통 찾기가 왜 그토록 힘들었는지를. 그것은 좁아 봤자 얼마나 좁을까라는 나의 섣부른 예단 때문이었다. 반대쪽에서 사람이 오면 어깨를 돌려서 옆으로 걸어야만 지나갈 수 있을 정도로 좁은 후통이었다. 상대방이 자전거라도 끌고 나오면 난감한 상황에 봉착한다. 폭이 넓어야 70센티미터, 좁으면 40센티미터에 불과했다.

첸먼다제에서 걷기를 시작했다면 다자란 거리를 따라 서쪽으로 조금 올라가면 오른쪽에 장신구를 파는 주바오스제珠寶市街, 주보시가 초입이 나온다. 지체 말고 주바오스제로 들어서서 걷다 보면 도저히 골목이라고 볼 수 없을 정도로 좁은 골목이 있다. 그게 바로 첸스 후통이다.

가장 좁은 후통, 첸스 후통

좁고 볼품없는 이곳을 찾는 이유는 여기가 청나라 때는 세계에서 손꼽히는 금융가였기 때문이다. 첸스錢市는 말 그대로 돈 시장, 즉 금융시장이란 뜻이다. 좁은 후통을 따라 끝까지 걸어가면 기와지붕에 천장이 나무로 된 제법 큰 건물이 보인다. 목재 창틀의 간격이 넓고 구멍이 숭숭 뚫려 있는 데다 지붕이 꽤 높은 게 언뜻 보기에도 민가로 지어진 건물은 아닌 듯하다. 바이두 백과사전을 검색해 보니 이곳은 청나라 조정이 운영하던 화폐 교환소였다. 주로 은화와 국가가 제조한 동으로 만들어진 엽전이 교환 대상이었다. 대략 은화 1량兩이 제전 100문文으로 교환됐다. 지금의 외환시장처럼 교환비율(환율)이 매일 변했기 때문에 어느 시점에 돈을 바꾸느냐에 따라 환차익과 환차손이 났다.

한편, 이곳에는 명나라 때부터 국가가 운영하는 동전 주조창과 귀금속 주조창이 몰려 있었다. 돈의 거리 첸스 후통과 장신구의 거리 주바오스제가 붙어 있는 이유도 이 때문이다. 주조창과 화폐 교환소가 어우러지면서 첸스 후통은 나날이 번화했다. 매일 아침 환시장이 열리면 교환소 칠판에는 그날의 환율이 공표됐고, 금융 점포나 식량 점포 등을 운영하면서 돈을 많이 굴리는 상인들은 그날 환율을 확인하고 난 뒤 비로소 가게 문을 열 정도로 환율에 민감했다. 먼 지역 상인들은 시간을 아끼기 위해 비둘기 다리에 환율이 적힌 종이를 묶어 날려 보내기도 했다. 청 말기 은화가 폐지되고 모든 화폐 단위를 위안元으로 통일하기 전까지는 첸스 후통이 명실상부한 금융의 중심지였다.

시간이 흐를수록 금융기법이 발달해 상인들은 은화나 제전(동전)을 직접 가지고 와서 교환하지 않고 장부상으로만 거래했다. 위안화가 일반화되면서 은화를 교환할 일도 별로 없어졌다. 청조가 멸망하고 중화민국이 들어서면서부터는 지폐 사용이 보편화돼 주조창들도 쇠락했다. 대신 고객의 돈을 보관하거나 대출을 해 주는 금융 점포들은 늘어났다. 금융 점포들이 우후죽순처럼 계속 생길수록 후통의 넓이는 좁아져 지금의 이 지경에 이르렀다. 현재 민가로 쓰이는 주택 대문에 걸린 문패에는 '대통은호大通銀號', '만풍은호萬豊銀號' 등 과거 금융회사였음을 알리는 흔적이 여전히 남아 있다.

삐딱하게 휜 옌다이셰제의
삐딱한 이야기

구러우鼓樓. 고루 바로 앞에 있는 길이 232미터의 옌다이셰제煙袋斜街, 연대사가는 베이징에서 가장 흥미로운 후통 가운데 하나다. 대부분의 후통은 아무리 작아도 직선으로 뻗어 있는데, 옌다이셰제는 자동차가 커브를 틀 듯 비스듬하게 휘어져 있다. 셰제斜街라는 말이 곧 비스듬한 길이라는 뜻이다. 옌다이는 담뱃대(곰방대)를 뜻한다. 이 거리에는 이름에 걸맞게 전통 담뱃대 가게들이 즐비하다. 곰방대 가게에선 담뱃대만 파는 게 아니라 연초, 수연, 라이터, 장신구, 부채,

도자기 등을 판다. 라오베이징●들이 즐겨 먹는 전통 요리를 파는 음식점도 많다. 이 중 '장러우빠오두豬肉爆肚, 장육폭두'라는 간판이 걸린 전통 가게에는 늘 손님이 많다. 장육은 장조림이고, 폭두는 소나 양의 위를 끓는 물에 살짝 데친 요리다. 돌궐족이 즐겨 먹었던 전통 음식이라고 한다. 이처럼 옌다이셰졔에는 전통 식당은 물론 골동품 가게, 고서점, 표구방, 문구점 등 수백 년 된 노포들이 즐비해

● 북경 토박이

관광객 행렬이 끊이지 않는다.

엔다이셰제 동쪽 입구는 고루 앞 대로에 있다. 이 입구에 들어서 비스듬하게 서북쪽으로 돌아가면 풍광이 수려한 스차하이什刹海가 나온다. 엔다이셰제를 걷다 보면 광화사廣化寺와 덕승문德勝門이 보인다. 광화사는 원나라 때 창건된 불교 사찰로, 중국불교협회가 들어선 곳이어서 서울 종로구에 있는 조계사와 비슷한 지위를 누린다. 십찰해는 10개의 절이 있는 호수라는 뜻인데, 현재까지 남아 있는 절은 광화사가 유일하다. 덕승문은 베이징 중심부의 9대문 중 하나다. 전란 시 출병하는 문이었기 때문에 덕승이란 이름이 붙었다.

엔다이셰제 후통을 하늘에서 보면 마치 비스듬하게 놓인 곰방대처럼 보인다. 고루 옆 동쪽 입구가 담배를 빠는 곰방대 주둥이처럼 생겼고 서북쪽 끝이 연초를 짓이겨 넣는 작은 솥처럼 보인다.

엔다이셰제의 역사는 원나라 시절로 거슬러 올라간다. 몽고족은 중국 대륙을 정복한 뒤 베이징을 수도로 삼고 다두大都, 대도로 불렀다. 양쯔강 남쪽의 풍부한 식량자원과 물자를 다두로 옮겨 오기 위해 어마어마한 대운하 건설에 나섰다. 원 세조 쿠빌라이는 대운하를 완성하고 대운하 끝에 통혜하通惠河라는 큰 물길을 냈다. 통혜하의 종착점에는 거대한 호수를 팠는데, 이것이 바로 지금은 북해北海공원으로 불리는 적수담積水潭이다. 항구 기능을 한 적수담은 몽고족이 대륙의 한복판인 베이징에서 바다로 나아가는 출구이기도 했다. 적수담에는 남쪽의 물자를 실어 온 배가 구름처럼 몰렸다고 한다. 호수 주변에는 물건을 보관하는 창고가 무수히 많이 건설됐다. 창고 물품을 황족과 귀족들이 모여 사는 고루 쪽으로 최대한 빨리 옮기기 위해서는 저택이 밀집된 지역을 가로지르는 대각선 형태의 길을 내야 했다. 옌다이셰제가 사선을 띠게 된 이유다. 베이징 최초의 사가斜街는 이렇게 만들어져 오늘날에 이르고 있다.

명대 들어서는 베이징의 중심축이 남쪽으로 이동해 통혜하와 적수담은 더 이상 항구로서의 기능을 하지 않았다. 그러나 풍광이 수려해 조정의 고관대작들과 거상들이 이곳에 대저택을 더 많이 지었다. 항구의 지위는 잃었지만, 휘황찬란한 번화가의 모습은 예전 그대로였다. 청나라가 들어선 이후에는 황성 4대문 안에서의 위락 행위가 금지됐다. 때문에 황궁과 가깝고 경치가 좋은 북해와 십찰해 주변이 더욱 번성하게 됐다. 자연히 옌다이셰제에는 술집, 담배 가게, 차관 등이 빼곡히 들어섰다.

특히 담배를 좋아하는 만주족 황후들을 위해 전문적으로 수연水煙과 연초를 대는 상점들이 생겨났다. 담배 연기를 수연통에 담긴 물에 통과시켜 흡입하는 수연은 중동에서 전해진 호화 기호품이었다. 곰방대나 수연대처럼 삐딱하게 삐뚤어졌다는 뜻의 옌다이셰제라는 이름도 이 때문에 붙은 것이다.

1911년 신해혁명으로 청나라가 망하자 십찰해와 북해 주변에 살던 황제의 친족들과 고관대작, 만주족 귀족들도 급격하게 몰락했다. 더 이상 관직과 녹봉을 자식들에게 물려주는 '철모자왕'의 지위를 누리지 못하게 됐다. 이들은 생계를 유지하기 위해 보물과 서화

등을 옌다이셰졔에 내다 팔 수 밖에 없었다. 옌다이셰졔에 100년 가까이 된 골동품 가게와 서화점이 많은 이유다.

　이 후통에 남아 있는 가장 흥미로운 곳 중 하나는 신위안커잔鑫

베이징 최초의 공중목욕탕이었던 옌다이셰졔의 흠원객잔

源客棧, 흠원객잔이다. 지금도 외국인 관광객이 많이 머무는 작은 호텔이다. 역사를 거슬러 올라가면 이곳은 베이징 최초의 공중목욕탕인 흠원욕지浴池였다. 청 광서제 때의 유명한 태감이자 환관인 이연영의 양자 이복경이 만든 목욕탕이었다. 1928년에 나그네들이 묵는 객잔으로 바뀌었다.

옌다이셰제 37호인 광복관廣福觀은 명나라 천순제 3년(1459)에 건립된 유서 깊은 도교 사원이다. 중국에선 불교 사찰을 사寺라고 하고, 도교 사찰은 관觀이라 부른다.

베이징의
이슬람 거리 뉴제

베이징에서 가장 이국적인 거리는 뉴제牛街, 우가다. 이 거리에서는 히잡을 쓴 여성들과 빵모자를 쓴 남성들을 흔하게 볼 수 있다. 이들은 중동에서 온 이슬람교도들이 아니라 이슬람교를 믿는 중국인들이다. 이슬람을 신봉하는 회족들의 자치지역인 신장웨이얼자치구新疆維吾爾自治區 출신들이 이곳에 많이 산다. 회족들은 생김새가 한족이나 만주족과는 다르다. 중앙아시아나 중동 사람의 얼굴에 더 가깝다.

이곳이 이슬람 거리가 된 것은 대표적인 이슬람 사원인 칭전쓰清眞寺, 청진사가 있기 때문이다. 중국에서는 이슬람 사원을 칭전쓰 또

뉴제에 있는 칭전쓰에서 회족 무슬림들이 담소를 나누고 있다.

는 리바이쓰禮拜寺, 예배사라고 한다. 중국 이슬람 사원은 중동 국가에서 볼 수 있는 이슬람 사원과 달리 중국 전통 건축술과 이슬람 건축술이 혼용된 경우가 많다. 뉴제에서 이슬람 교도들을 가장 많이 볼 수 있긴 하지만, 베이징 시내 곳곳에서도 히잡을 쓴 중국인들과 칭전쓰를 볼 수 있다. 고대부터 중국은 아라비아 지역과 교류가 활발했기 때문에 이슬람 문화가 꽤 넓고 깊게 퍼져 있다.

뉴제라는 명칭도 이슬람과 관련이 깊다. 회족 무슬림들은 대추나무棗樹, 자오수와 석류나무石榴樹, 스류수를 즐겨 심는 전통이 있다. 몽고족이 세운 원나라 때부터 많은 무슬림들이 이곳에 모여 살기 시

뉴제 칭전쓰에는 외국인 관광객들도 많이 찾지만, 늘 고요하다.

작했는데, 그들 역시 석류와 대추나무를 심었다. 사람들은 동서로
뻗은 길을 자오제棗街(대추 거리)로 불렀고, 남북으로 뻗은 길에는 류
제榴街(석류 거리)라는 이름을 붙였다. 또한 무슬림들은 주로 소를 키
우거나 소고기 요리를 팔면서 생계를 꾸렸다. 이들이 파는 소고기
는 맛이 좋아 베이징 전체로 퍼져 나갔다. 소의 중국어 발음은 '뉴
牛'다. 석류의 '류'와 소의 '뉴'의 음이 비슷하고, 소고기 거리가 워
낙 유명해지다 보니 북경 사람들은 류제보다는 뉴제를 많이 쓰게

됐고, 그대로 굳어졌다. 지금도 뉴제는 베이징의 대표적인 이슬람 먹거리 골목이다. 무슬림이 즐겨 먹는 소고기와 양고기 꼬치 가게가 특히 많다.

뉴제에 있는 칭전쓰는 베이징 이슬람 사원 가운데 규모가 가장 크고 역사가 가장 오래됐다. 요나라 성종 4년(996)●에 완공됐고, 명 정통제 7년(1442)에 중건됐다. 중국 전통 궁궐 양식과 아라비아 건축 양식이 절묘하게 결합된 사원이다. 모든 건물들이 데칼코마니처럼 정확하게 대칭을 이루며 서 있다. 언뜻 보기에는 불교 사찰이나 궁궐처럼 보인다. 그러나 처마 밑 단청에 아랍어 문구가 적혀 있는 등 자세히 보면 이슬람 사원의 특성을 찾아볼 수 있다.

뉴제 칭전쓰의 상징적인 건물이자 대문 역할을 하는 망월루望月樓의 끝은 뾰족한 첨탑 형식이 아니라 붉은 구슬이 하늘에서 내려앉은 것처럼 동그랗게 처리됐다. 모스크 특유의 돔 양식을 작지만 강하게 표현한 듯하다. 고즈넉한 예배당에는 늘 기도하는 신도들이 있다. 외국 관광객은 물론 중국인 관광객들도 많이 찾지만, 이곳에서 만큼은 크게 떠드는 모습을 볼 수 없다. 이슬람 기도의 교요함이 중국인 특유의 와자지껄함을 압도하는 듯하다.

뉴제 칭전쓰에는 보물급 유물이 많다. 원나라 초기 아라비아에서 온 이슬람 지도자들의 묘, 아랍어가 새겨진 비석, 청 강희제가 쓴 편액, 명대 때 주조된 향로, 300년이 넘은 코란 필사본, 청대 철

● 북송으로 치면 태종 2년

뉴제 칭전쓰의 상징적인 건물 망월루

제 향로와 동으로 제작된 거대한 솥 등이 남아 있다.

뉴제 후통은 일반 골목길이 아니라 왕복 4차선 도로로 폭이 넓고 길다. 서쪽의 뉴제 시리西里, 서리까지 포함하면 여러 개의 도로가 합쳐져 '뉴제 권역'을 이룬다고 볼 수도 있다. 역사적으로 살펴봐도 뉴제는 도로의 개념을 넘어 하나의 작은 도시였다. 장안●●이 수도였던 당나라 때는 북방 유주幽州의 중심지였고, 동북의 선양을 수도로 삼은 요나라 때는 이곳이 난징南京, 남경●●●으로 불렸다. 금나라 때

●● 지금의 시안
●●● 남쪽 수도

는 중두中都, 중도의 소재지였다. 중화인민공화국 수립 이후에는 뉴제를 6개 도로로 나누었다.

회족이 처음 중국으로 온 것은 7세기 당나라 때부터로 알려졌다. 당시 당은 세계에서 가장 번화한 제국이었다. 상술이 뛰어났던 서역西域•의 상인들도 당으로 몰려들었는데, 이들이 중국 회족의 시조다. 12세말 13세기 초에는 몽고족이 굴기했다. 칭기스칸은 두 차례에 걸쳐 서역 정벌에 나서 아라비아 일대를 점령했다. 이때 10만 명이 넘는 회족들을 몽고군에 편입시켰다.

쿠빌라이 칸은 중국을 통일한 뒤 원나라를 세우고 백성을 4등급으로 나눠 통치했다. 1등급은 몽고족, 2등급은 색목인, 3등급은 한족, 4등급은 남인이었다. 색깔 있는 눈을 가진 색목인이 바로 회족이다. 가장 열등한 등급으로 취급한 남인은 중국을 북부와 남부로 가르는 화이허淮河, 회하 이남 사람들로 저장성, 광둥성, 푸젠성, 장시성 등지의 원주민들이었다. 인구 대부분을 차지하는 기존 중국인을 한족과 남인으로 재분류해 천대할 정도로 원나라는 철저한 한족 차별 정책을 폈다. 반면, 청을 건국한 만주족은 한족과 만주족을 동수로 관직에 임명하고 오히려 한족 문화를 계승 발전시키는 융화 정책을 폈다.

몽고족이 가장 천대한 남인들은 순수 한족을 자처하는 자존심 강한 혈통이었다. 인종적 순혈주의가 강한 객가인이 바로 남인들

• 지금의 서남아시아, 중앙아시아, 인도, 아라비아반도 등을 포괄해 부르는 개념

이다. 지금도 중국 남방에서 주로 살고 있는 객가인들은 다른 중국인들과 달리 중화주의적 자존심이 매우 강하다. 몽고족이 문화적으로 우수한 남인들을 가장 낮은 등급의 인종으로 떨어뜨린 것은 억압 통치를 펼치기 위한 것도 있지만, 열등감의 표출일 수도 있다.

특히 몽고 황제들은 색목인을 앞세워 한족과 남인들을 통제하도록 했다. 회족은 셈에 밝고 처세술에 능해 인구의 다수를 차지하는 한족을 관리하는 데 더없이 좋은 계급이었다. 회족 관료 중에는 원나라 관료 사회의 최상위층으로 올라가는 이들도 많았다. 지방의 회족 관료들도 충성심과 실력을 인정받으면 황제가 있는 다두大都, 대도••로 올라올 수 있었다. 다두에 온 이들이 뉴제에 모여 살면서 지금처럼 번화한 회족 거리가 형성됐다.

몽고족의 충실한 '마름' 역할을 했던 회족들은 원나라가 기울자 재빨리 주군을 바꾸어 모셨다. 명을 개국한 주위안장朱元璋, 주원장 군대로 속속 들어간 것이다. 명 개국공신 가운데 회족이 많은 이유도 이 때문이다. 이로써 회족은 원대에 이어 명대에서도 신분적 안정을 이어 갈 수 있었다.

중국 역사상 가장 위대한 항해를 했던 정허鄭和, 정화도 회족이다. 쿤밍에 살던 회교도였던 정화는 나중에 명의 3대 황제(영락제)로 오르는 주체朱棣가 총애하는 환관이었다. 주체는 쿤밍을 정벌하고 성인 남성은 모두 죽이고, 어린 소년들은 거세시켰다. 정화도 이때

•• 원의 수도로 현재 베이징의 기초가 됨

거세된 소년 중 한 명이었다. 그러나 정화는 주체에게 복수심을 품기보다는 환관이 돼 그에게 충성했다. 주원장(홍무제)의 4남이었던 주체가 조카와의 권력투쟁에서 승리할 수 있었던 요인도 정화의 충성 덕분이었다. 주체는 마씨 성을 가졌던 그에게 정씨 성을 하사했다. 정화는 주체가 황제에 오르자 황제의 명령에 따라 7차례에 걸쳐 원대한 항해에 나섰다. 정화의 항해로 명의 영향력은 지금의 유럽으로까지 확장됐다. 영락제는 몽고족과 여진족을 흑룡강 너머로 축출하고 수도를 난징에서 베이징으로 옮겼다.

후통이란 후통은
다 모여 있는 둥쓰

도성에 둘러싸였던 한양처럼, 베이징도 긴 성벽으로 둘러싸인 도시였다. 우리의 숭례문처럼 베이징 중심부 곳곳에는 성곽 없이 성루만 덩그러니 남아 있는 모습을 종종 볼 수 있다. 지금은 허물어진 베이징성의 성벽 흔적은 지하철 2호선에 남아 있다. 서울 지하철 2호선과 마찬가지로 순환선인 베이징의 2호선은 과거 성벽이 그대로 남아 있을 때 건설되기 시작했다. 베이징 중심을 둘러싼 성벽을 따라 순환선을 만들겠다는 취지는 좋았으나, 성벽 위로 철길을 내기는 불가능하고 성벽 옆으로 철길을 내면 접근성이 떨어져 결국 성벽 밑을 파는 쪽을 택했다. 지하로 연결된 2호선에는 모두

18개 역이 있는데 이 중 건국문, 조양문, 동직문처럼 성문 이름이 들어간 역이 11개나 된다. 급속도로 진행된 도시화와 2008년 올림픽 개최를 맞아 대대적인 도로 정비가 이뤄지면서 성벽을 모두 허물었는데, 중국의 도시 및 건축학자들은 내성과 외성 성벽을 보존하지 못한 것을 베이징 도시 정책의 최대 패착이라고 꼽고 있다. 성벽이 있었던 시절을 기억하고 있는 베이징 토박이들도 "베이징의 정취는 성벽 철거로 절반은 사라졌다"라고 말한다.

2호선 역 가운데 가장 많은 후통과 연결된 역이 둥쓰스티아오東四十條, 동사십조역이다. 둥쓰스티아오는 둥쓰 지역의 10개 골목이라는 뜻이다. 條는 중국어에서 도로나 나뭇가지처럼 기다란 것을 세는 데 쓰는 양사다. 둥쓰는 동쪽에 '무엇인가'가 4개가 있다는 것인데, 그 무엇인가는 패루牌樓를 말한다. 원나라 시대부터 자금성을 기준으로 동쪽에 커다란 패루 4개가 서 있었다. 이를 둥쓰라 불렀다. 둥쓰와 대칭으로 자금성 서쪽에도 4개의 패루가 있었는데, 이를 시쓰西四, 서사라고 한다. 8개의 패루 역시 교통 흐름을 방해한다는 이유로 애석하게도 성벽과 함께 모두 철거됐다.

예전에는 둥쓰스티아오에 이름처럼 10개 후통이 있었는지 모르겠지만, 현재는 좌우로 14개씩 무려 28개 후통이 대칭을 이루며 질서정연하게 늘어서 있다. 남북으로 뻗은 대로 둥쓰다제東四大街, 동사대가를 척추 삼아 맨 위 골목 둥쓰터우티아오東四頭條, 동사두조에서부터 14번째 골목 둥쓰스쓰티아오東四十四條, 동사십사조까지 동쪽으로 뻗은 골목이 갈비뼈처럼 차례로 정렬돼 있다. 동쪽의 이 14개 후통과 데칼코마니를 이루는 서쪽의 14개 후퉁들은 '둥쓰'라는 돌림자를 쓰지 않고 제각각 사연을 담은 이름을 갖고 있다. 별의별 후퉁이 다 모여 있는 이곳을 높은 곳에서 내려다보면 살을 발라낸 생선 가시처럼 보인다.

'둥쓰' 돌림자를 쓰는 후퉁 가운데 주목할 만한 후퉁은 여섯 번째인 둥쓰류티아오와 여덟 번째인 둥쓰빠티아오다. 류티아오 65호는 청나라 말기 대학사를 지낸 충리崇禮, 숭례의 고거다. 충리는 조정이나 나라를 위해 큰 공을 세우지도, 황제에게 아부를 하지도 않았는데 대학사까지 오른 것은 물론 상당한 부를 축적했다. 이 때문에 충리는 관운을 타고난 복지부동 관료의 표본이 됐다.

무색무취한 그가 권력과 부를 누릴 기회를 잡은 것은 딸을 광서제의 동생인 재도載濤에게 시집보내면서부터다. 이후 그는 황실 정원이었던 이화원 원장이 됐다. 자희태후(서태후)는 유신변법을 주도한 탄쓰퉁譚嗣同 등 소위 '6군자'의 목을 벨 때 내무대신인 충리의 명의로 사형을 언도했다. 무난한 그의 이름을 빌려 쓴 것이다. 명의를 빌려준 충리는 그 대가로 광저우 해관(세관)의 감독이 됐다. 외국과의 무역이 활발했던 광저우의 해관은 뒷돈을 많이 챙길 수 있는 자리였다. 충리는 세관 업무를 관장하면서 신기한 서양 물품은 죄다 모아 서태후에게 바쳤다.

하지만 충리가 65호에 대저택을 지은 뒤 얼마 지나지 않아 서양의 8개 연합군이 베이징을 점령해 원명원 등을 파괴할 때 이 저택도 몰수했다. 서양 군인들이 정원 연못의 물을 빼고 바닥을 파

둥쓰류티아오에 복지부동의 표본으로 불리는 청말 대학사 충리의 고택이 있다.

보니 가격을 매길 수 없을 만큼 많은 금은보화가 발견됐다. 이 소식이 전해진 뒤 베이징의 대저택에서는 연못 파헤치기가 유행처럼 번졌다고 한다.

빠티아오 71호는 중국 아동문학의 개척자이자 교육가, 출판가, 언어학자인 예성타오葉聖陶, 엽성도(1894~1988)의 옛집이다. 중국 현대 문학사상 최초의 창작 동화집『허수아비』는 서양의 동화가 그리는 왕자와 공주, 요술쟁이와 요정의 세계에서 탈피해 중국적인 인물과 사물을 등장시켰다. 언어학의 대가였던 그는 70여 년간 작품을

썼다. 1951년에는 지금의 중국어 부호와 기호를 정착시킨 『표점부
호 용법』을 펴냈으며, 중고교 문학 교과서와 어문 교과서를 집필
했다.

특히 예성타오는 1954년 중화인민공화국이 최초 헌법인 '5.4
헌법'을 제정할 때 헌법 조문과 문구를 최종 감수했다. 당시 중국
의 법령은 대부분 소련 법령을 그대로 베껴 러시아어 표현이 많았
다. 예성타오는 법학자들이 그대로 인용한 러시아 문구를 중국어
에 맞게 모두 바꿨다.

2018년 3월 중국 전국인민대표대회(전인대)는 국가주석의 3연임
제한 규정을 폐지하는 헌법 개정안을 통과시켰다. 이로 인해 시진
핑 국가주석은 종신 집권도 가능해졌다. 1982년 덩샤오핑은 개혁
개방 노선을 헌법에 넣고 주석직을 2연임으로 제한하는 '8.2 헌법'
을 만들었다. 시진핑 주석의 이번 헌법 개정은 '8.2 헌법'에 대한
전면 개정이자 최초 헌법인 '5.4 헌법'으로의 회귀였다. 언어학자인
아내와 함께 중국 최초의 사회주의 헌법 조문을 썼던 예성타오가
지금의 헌법 개정을 어떻게 생각할지 자못 궁금하다.

제 3 장

✕

골목길에서 마주친
소중화, 조선

✕

가장 아름다운 골목,
국자감 거리

공묘와 국자감이 있는 거리의 공식 명칭은 궈즈젠제國子監街, 국자감가다. 이 거리의 국자감 쪽 끝에는 '국자감'이라고 쓰인 높다란 패방이 서 있고, 공묘 쪽에는 '성현가聖賢街'라고 쓰인 패방이 있다. 1.5킬로미터 남짓한 거리는 5~6월이 가장 아름답다. 아름드리 홰나무의 울창한 녹음과 전통 사합원의 잿빛 지붕, 파란 하늘, 하얀 구름이 어우러져 근사한 풍경을 뽐낸다. 사합원을 적절하게 리모델링한 고급 카페와 가구점도 거리의 멋을 더한다. 상업주의가 활개를 치고 있는 난뤄구샹과는 차원이 다르다. 한가롭고 품격 있는 베이징의 후통을 느끼기에 가장 적합한 거리다.

국자감 거리 동쪽 건너편에는 웅장한 융허궁雍和宮, 옹화궁이 있어 2~3시간 관광 코스로도 제격이다. 융허궁은 청 건륭제가 아버지 옹정제의 명복을 빌기 위해 세운 티베트 불교 사원이다. 사원을

베이징에서 가장 아름다운 골목으로 꼽히는 국자감가

국자감 건너편에 있는 옹화궁. 늘 참배객으로 붐빈다.

'궁'으로 부른 이유는 이곳이 옹정제가 황제가 되기 전에 살던 집이자, 장차 황제가 될 건륭제가 태어난 잠저潛邸였기 때문이다.

무려 61년을 재위한 강희제는 죽기 전 40세를 훌쩍 넘은 아들들보다 손자들 중 누가 차차기 황제가 되느냐에 관심을 더 가졌다고 한다. 손자들 중에는 단연 홍력*이 두각을 나타냈다. 이 때문에 아들 중에 가장 아꼈던 14황자 윤제 대신 홍력의 친부인 4황자 윤진**에게 황위를 물려줬다. 할아버지 덕에 황제의 자리에 오른 건

● 후에 건륭제가 됨
●● 후에 옹정제가 됨

륭제는 할아버지의 통치 스타일을 그대로 이어받아 청을 역사상 가장 강력한 제국의 반열에 올려놓았다. 건륭제는 할아버지 강희제의 재위 기간을 넘지 않기 위해 60년 4개월을 채우고 스스로 황제 자리에서 물러났다.

융허궁에서 가장 눈길을 끄는 것은 만복각萬福閣이다. 3층 누각으로 높이가 30미터에 이르는 만복각의 오른쪽은 영강각永康閣이고 왼쪽은 연수각延綏閣인데, 이 세 건물은 비랑飛廊•으로 연결 돼 있다. 만복각에는 기네스북에 오른 거대한 나무 불상이 서 있다. 높이만 18미터에 이른다. 무게를 지탱하기 위해 불상은 땅 밑으로도 8미터 정도가 묻혀 있다. 놀라운 사실은 이 불상이 한 그루의 백단나무로 만들어졌다는 것이다. 티베트의 7대 달라이 라마가 건륭제에게 보낸 것으로, 티베트에서 나무를 옮겨 오는 데만 3년이 걸렸다고 한다.

국자감에서 만난 공자, 주자,
그리고 연암 박지원

국자감은 지하철 융허궁역 옆에 있다. 국자감은 원, 명, 청 3대 왕조의 최고 교육기관이자 황제가 직접 주관하는 과거인 전시殿試를

• 공중에 떠 있는 복도

보는 장소였다. 한나라 태학에서 시작된 최고 교육기관은 진나라 때는 국자학으로 불리다가 당나라 때부터 국자감으로 불리며 각 왕조의 수도에 세워졌다. 원, 명, 청의 수도는 베이징이었다. 국자감 옆에는 공자의 위패와 신위를 모신 사당인 공묘孔廟가 있다. 입장료 30위안(약 5,000원)을 내면 두 곳을 모두 관람할 수 있다.

청조는 중원을 통일한 뒤 이전의 관료 충원 제도였던 과거제를 폐지했다. 개국 초기에는 원나라 때처럼 한족을 가장 낮은 계급으로 격하시킨 반면 숫자에 밝은 색목인들을 만주족 다음가는 계급으로 격상시켜 관료로 등용시켰다. 그러나 왕조가 안정되면서 충효를 강조하는 유학을 통치 이념으로 활용했고, 한족과 한족 문화, 한자를 수용했다. 자연스럽게 공자가 복권됐으며 과거제의 부활과 함께 국자감도 새로 태어났다.

특히 건륭제는 만주족의 황제였지만, 역대 어느 왕조의 황제보다 학문이 깊었다. 고대부터 당나라 때까지의 모든 유학 서적을 정리한 『사고전서』를 완성한 황제다. 건륭제는 앞선 한족 왕조의 황제들처럼 국자감에 친히 나가 공자의 위패에 제사를 지내고 유학을 강론하고 싶어 했다. 이런 욕망 때문에 즉위 50주년인 1785년까지 비옹辟雍, 벽옹을 국자감 내에 지을 것을 신하 류용에게 명했다. 벽옹은 황제가 국자감 유생들을 상대로 강연臨雍講學, 임옹강학하는 장소를 말한다.

벽옹은 유교 경전 『예기』의 "천자의 학교는 주위에 원형의 연못을 두고, 제후의 학교는 반원형의 연못을 둔다"라는 구절에서 유래했다. 주위에 원형의 연못을 두는 것은 사해四海●를 교화함을 상징한다. 이에 따라 국자감 벽옹은 정사각형의 거대한 대를 먼저 쌓고, 대를 휘감는 직경 60미터의 동그란 연못을 판 다음 대 위에 2층의 처마 건물을 올리고, 연못에 4개의 돌다리를 놓아 황제와 신하, 학생들이 제각각 신분에 맞는 다리를 건너 벽옹으로 걸어 들어올 수 있도록 지어졌다.

국자감에는 건륭제가 1783년에 세운 거대한 유리패방도 있다.

● 온 세상

유리패방은 황궁 지붕에 쓰는 황금색 유리기와를 만들 때 쓰는 재료를 사용해 말 그대로 휘황찬란하다. 패방 앞면에는 '환교교택圜橋敎澤', 뒷면에는 '학해절관學海節觀'이라고 쓰여 있는데, 모두 건륭제의 친필이다. 환교교택은 벽옹의 둥근 연못과 연못을 가로지르는 다리, 그 밑을 둥글게 휘감는 물이 마치 사해를 포용하는 황제의 가르침과 같다는 뜻이다. 학해절관은 황제의 강연을 듣기 위해 몰려든 유생이 너무 많아 황제가 시간을 나누어서 만났다는 뜻이다. 중국에서 가장 아름다운 이 유리패방은 용문을 의미하기도 한다. 잉어가 용문을 오르면 용이 된다는 등용문 고사와 맞닿아 있다.

60년에 이르는 건륭제 통치 기간 동안 황제에 버금가는 권세를

건륭제가 세운 국자감의 유리패방

누린 두 신하를 꼽는다면 허선和珅, 화신과 류융劉墉, 유용이다. 허선은 천하의 탐관이었고 류융은 둥글둥글한 성품으로 적이 없었다. 벽옹 건설 과정에도 건륭제, 허선, 류융이 얽힌 일화가 있다.

건륭제는 벽옹 건설을 명한 뒤부터 류융에게 예산과 공사 진척 상황을 매일 보고하라고 했다. 보고 때마다 건륭제는 "돈을 물 쓰듯 하면서도 작업은 왜 이리 늦느냐"라며 호되게 질책했다. 공정 하나하나에 건륭제가 참견하자 안 그래도 빠듯한 공사 일정이 틀어지기 일쑤였고, 류융에 대한 건륭제의 신뢰는 점차 떨어졌다. 난감한 상황에 처한 류융의 소방수로 나선 인물이 간신 허선이다. 건륭제의 혀와 같았던 허선이 "제가 책임지고 류융을 감독하고 독려해 벽옹을 제 날짜에 완공하겠다"라고 하자 건륭제는 겨우 참견을 멈췄다. 겉으로는 허선이 류융을 도와주는 것 같았지만, 이때부터 류융은 허선의 통제 밑에 들어가게 됐다. 그러나 허선의 천하는 오래가지 않았다. 건륭제에 이어 황위에 오른 가경제는 허선의 부정부패를 조사하는 책임자로 80세가 넘은 류융을 임명했다. 허선의 라이벌이었지만, 끝내 허선에게 패한 류융이 허선의 비리를 가장 많이 안다는 사실을 가경제가 활용한 것이다. 류융의 조사로 역사상 최대 부패 스캔들이 드러났고 허선과 그 일가족은 사약을 받아 마셔야만 했다.

이제 국자감과 붙어 있는 공묘 이야기를 해 보자. 유학의 적장자를 자임하며 소중화小中華를 자처한 조선의 사신들은 만주족 청 황제를 알현하는 것보다 공자 사당인 공묘를 들르는 것을 더 신성하게 여겼을지도 모를 일이다. 실학자인 연암 박지원조차 열하일기에 공묘를 방문한 소감을 쓰며 '알성퇴술謁聖退述'이라는 제목을 달았다. 성인(공자)을 알현하고 물러나 서술한다는 뜻이다. 연암은 알성퇴술 편에서 "고려와 조선의 신하들이 이곳에서 공부도 하고 중국 문신들과 마찬가지로 예를 다했다"라고 적었다.

공묘의 중심 건물인 대성전大成殿은 공자의 위패가 모셔져 있어 황제들이 이곳에서 공자에게 제사를 지냈다. 공자의 위패 위에는 '도흡대동道洽大同'이라고 쓰인 현판이 걸려 있다. '성인의 가르침이 온 천하를 아우른다'는 뜻으로, 중화민국 3대 대총통이었던 리위안홍黎元洪. 려원홍의 글씨다. 청 황제들이 직접 쓴 현판을 좌우로 밀치고 군벌 리위안홍의 글씨가 중앙에 걸린 게 이채롭다.

공묘의 중심 건물, 대성전

공자의 위패 양옆으로는 언자, 염자, 순자 등 공자 제자들의 위패가 길게 늘어서 있다. 성리학을 집대성한 주자(주희)의 위패는 왼쪽 맨 끝에 있었다. 주자의 성리학을 하늘처럼 떠받든 조선의 유생들은 아마도 주자의 위패가 말석에 놓인 것을 보고 꽤나 당혹스러워 했을 법하다.

공묘의 정문인 선사문先師門에 들어서면 진사제명비 198개가 빼곡하게 서 있다. 진사제명비는 원, 명, 청 3대에 걸쳐 황제가 주재한 전시에서 급제한 진사의 이름과 출생지, 석차가 기록돼 있다. 원나라 때의 비석이 3개, 명나라 때의 비석이 77개, 청나라 때의 비석이 118개다. 비석에 적힌 이름만 5만여 명에 이른다. 연암은 이 비석을 서술하면서 원과 청은 빼놓고 마치 명나라 때의 진사제명비만 있는 것처럼 '명明진사제명비'라고 썼다. 명분에만 치우친 성리학을 극복하려고 실학을 주창한 박지원이 이 정도였으면, 다른 유생들의 '중화(한족) 짝사랑'이 어느 정도였을지 짐작할 수 있다.

조선 사신들은
왜 원청상 후통을 찾았을까

조선의 선비들은 베이징에 도착해 청 황제를 알현한 뒤 어디를 가장 가고 싶어 했을까. 우선 생각해 볼 수 있는 곳이 공자의 위패가 있는 공묘다. 이곳에는 성리학을 집대성한 주자의 위패도 있어 조선 선비들에게는 필수 코스였다. 류리창도 조선 사대부들이 가고 싶었던 거리였을 것이다. 그곳에는 조선에선 쉽게 구할 수 없는 품질 좋은 붓, 벼루, 먹, 종이 등 문방사우가 널려 있었기 때문이다.

자금성에서 그리 멀지 않은 둥청취東城區, 동성구 서부북에 있는 원청상文丞相, 문승상 후통도 '소중화'를 자처하던 조선의 선비들이 꼭 들러야 하는 골목이었다고 한다. 송대 말기 충신의 정신이 서려 있는 곳이기 때문이다. 청상丞相, 승상은 글자 그대로 신하라는 뜻이다. '문씨 성을 가진 승상의 거리'라는 이름이 붙은 건 이곳에 몽고(원)에 대항해 끝까지 싸운 남송 시대의 충신 원톈샹文天祥, 문천상 (1236~1282)을 기리는 사당이 있기 때문이다. 북송 시대의 대표 충신이 웨페이岳飛, 악비였다면 남송의 대표 충신은 원톈샹이다.

충신 원톈샹을 기리는 사당. 수백 년 된 대추나무가 남쪽을 향해 뻗어 있는 모습이 원톈샹의 충절을 나타내는 것이라고 믿었다.

1275년 몽고군은 파죽지세로 남송의 수도 린안臨安, 임안●으로 진군했다. 송나라의 황제는 네 살배기 어린아이였고, 할머니 사태후謝太后가 수렴청정하던 상황이었다. 사태후는 조서를 내려 각지의 장수들은 린안으로 집결해 도성을 지키라고 명했다. 하지만 실제로 달려온 이는 공주贛州의 원톈샹과 영주郢州의 장스제張世杰, 장세걸 뿐이었다. 원톈샹은 군사 3만을 모집해 도성으로 향했다. 그러나 이미 몽고군의 총대장인 바얀은 장강을 건너 린안에 거의 다다랐다. 사태후는 우승상 천이중陳宜中, 전의중에게 옥새와 화평 문서를 주고 바얀의 진영에 들어가 항복하라고 명했다. 하지만, 천이중은 포로가 될까봐 두려워 도망쳤다. 사태후는 천이중 대신 원톈샹을 우승상으로 삼아 항복 협상을 하게 했다. 그러나 원톈샹은 협상장에서 항복 대신 "오랑캐는 당장 이곳을 떠나라"라며 오히려 바얀을 꾸짖었다. 바얀은 원톈샹을 감금하고 곧바로 린안성을 함락해 버렸다. 사태후와 어린 황제 조현(공제)은 궁 밖으로 나와 무릎을 꿇었다.

몽고군은 공제를 다두로 압송해 가면서 원톈샹도 함께 끌고 갔다. 원톈샹은 도중에 탈출해 장스제가 있는 푸저우로 향했다. 장스제와 천이중은 푸저우에서 공제의 이복형인 7세 조하(단종)를 새 황제로 옹립했다. 그러나 원톈샹은 장스제의 전제정치에 불만을 품고 뛰쳐나와 독자적으로 원군에 대항하다가 다시 붙잡혀 다두로 압송됐다.

● 현재 항저우

원 세조 쿠빌라이는 원톈샹의 기개를 높이 사 관직을 주며 회유하려 했으나, 원톈샹은 끝까지 거부했다. 이미 항복한 공제가 감옥으로 찾아가 투항을 권했다. 하지만 원톈샹은 무릎을 꿇고 통곡하며 "폐하 그만 가마를 되돌려 가소서"라며 완강하게 거부했다. 3년간 갇혀 있으면서 널리 알려진 「정기가正氣歌」를 지었다. 아내가 시신을 수습할 때 그의 옷자락에 「정기가」가 적혀 있었다. "공자가 이르길 목숨을 버려야 인仁을 이루고, 맹자가 이르길 생을 아까워하지 않아야 의義를 취한다고 했다. 공맹의 책을 읽은 나는 배운 대로 행했을 뿐이다. 아무런 부끄럼도 없다."

원톈샹 사당은 둥청취 북부의 푸쉐府學, 부학 후통과 원청상 후통이 만나는 지점에 있다. 예전에는 이곳 이름이 차이스柴市, 시시**였는데, 사형장으로도 쓰였다. 원을 멸망시키고 다시 한족의 나라를 세운 명 태조 주원장이 이곳에서 숨을 거둔 원톈샹을 기려 사당을 세웠다. 원청상 후통이라는 이름도 원청상츠祠(사당)에서 비롯됐다. 그러나 다시 명을 멸망시키고 들어선 만주족의 나라 청은 원톈샹의 이름을 지우기 위해 후통 이름도 바열巴兒, 파아 후통으로 바꿨다. 지금은 두 이름이 같이 쓰인다.

아담한 사당에 들어서면 "천지에는 올바른 기운이 있어天地有正氣"라는 글로 시작되는 오언 형식의 「정기가」를 새겨 넣은 긴 벽이 먼저 눈에 띈다. 원톈샹의 유품과 그를 기리는 각종 문헌을 전시한

●● 나무 파는 시장

조선 사신들이 찾았던 원톈샹 사당에는 송대 관복을 입은 원톈샹 소상이 모셔져 있다.

기념관 중앙에는 송대 관복을 입은 원톈샹의 소상이 있다. 전시실
에는 마오쩌둥이 옮겨 쓴 원톈샹의 「칠언율시 과영정양過零丁洋」이
란 시도 전시돼 있다. 시구 가운데 "인생자고수무사人生自古誰無死• 유
취단심조한청留取丹心照汗青••"이라는 대목은 중국인이라면 누구나
암송하는 구절이다.

사당 안에는 수백 년은 됨직한 대추나무가 남쪽을 향해 가지를
뻗고 있다. 원톈샹이 직접 심은 나무라고 전해진다. 나침반처럼 언
제나 남쪽을 향하고 있는 대추나무 가지는 남쪽 송나라를 향한 원

• 죽지 않는 인생이 어디 있으리오.
•• 일편단심으로 청사를 비출 뿐이네.

텐샹의 일편단심을 상징한다고 한다.

연암 박지원도 이곳을 다녀갔다. 그는 『열하일기』 '문승상 사당 방문기'에 "문승상의 소상을 향해 두 번 절하고 나오면서 한숨을 쉬고 탄식했다. 천고의 흥망 사이에서 하늘의 뜻을 어찌 알리요"라고 썼다.

천하를 호령했던
명나라 최고의 여장군 친량위

아침에 찾은 시청취西城區, 서성구 동북부에 있는 몐화棉花, 면화 후통은 평화로웠다. 골목 곳곳에는 파, 고추, 배추, 무 감자 등을 파는 소규모 아침 시장이 열렸다. 싱싱한 채소로 아침 밥상을 차리기 위해 장을 보러 나온 사람들이 많았다. 중국은 여성보다 남성이 장을 더 많이 본다. 베이징 후통에 사는 중국 서민들의 일상을 느낄 수 있는 다정다감한 골목이다.

이 후통 역시 조선 사신들이 즐겨 찾던 곳이다. 한족 중국인들이 열렬히 사랑하는 두 장군의 흔적이 남아 있다. 한 사람은 중국 역사상 가장 용맹했던 여장부인 명나라 말기 친량위秦良玉, 진앙옥 (1574~1648) 장군이고, 다른 한 사람은 민국시기 군벌 대총통 위안스카이에 맞섰던 차이어蔡鍔, 채악(1882~1916) 장군이다.

몐화 후통과 바로 옆의 쓰촨잉四川營, 사천영 후통 두 곳은 명말 친

조선 선비들이 많이 찾았던 몐화 후통에는 늘 아침 시장이 열린다.

량위 장군이 황제를 보위하기 위해 쓰촨 병사를 이끌고 와 주둔하던 곳이다. 쓰촨 출신의 친량위 장군은 쓰촨 지역 자치족 수령인 마첸청馬千乘, 마천승의 아내였다. 명 사료를 보면 그녀는 지혜롭고 용맹스러웠으며, 특히 말을 탄 채 활을 쏘는 기술이 천하제일이었다. 그녀가 조직한 백간병은 명나라에서 가장 용맹스럽고 충성심이 강한 군대였다. 더욱이 남편은 물론 오빠와 동생도 모두 후금˙의 공격으로부터 명나라를 지키다가 전쟁터에서 숨졌다. 친량위 군대의 여군들은 비전투 시 이곳에서 몐화(목화)로 옷을 지어 입었다고 한다. 그래서 후통 이름도 몐화 후통이 됐다.

여장부 친량위를 이해하려면 먼저 명나라 말기 충신인 위안충환

˙ 이후 청나라

袁崇煥, 원숭환 장군을 설명해야 한다. 후금을 세운 누르하치^{••}는 위안 충환 때문에 생전에 천하통일의 꿈을 이루지 못했다. 누르하치는 여진족의 영웅 아골타가 세운 금나라(1115~1234)가 멸망한 지 300년 만에 다시 여진족을 통일해 후금이라는 국가를 세웠다. 그리고 1626년 2월 라오허강을 건너 난공불락의 영원성寧遠城을 공격했다. 영원성과 산해관만 넘으면 베이징으로 진격해 천하를 얻을 수 있었다.

그러나 영원성에는 위안충환이 버티고 있었다. 그의 철벽 방어로 명은 겨우 영원성을 지킬 수 있었다. 영원성 전투에서 부상을 입은 누르하치는 그해 9월에 사망했다. 누르하치의 8번째 아들로 후금의 2대 칸이 된 홍타이지는 아버지를 이어 다시 영원성 공략에 나섰다. 결국 1629년 영원성을 손에 넣었다. 성이 함락된 가장 큰 이유는 위안충환이 옥사해 세상에 없었기 때문이다. 명 황제는 간신들에게 속아 위안충환을 역적으로 몰아 가두었고, 끝내 옥에서 능지처참했다.

위안충환이 죽자 명나라에서 싸울 줄 아는 장수는 여장부 친량위 한 명밖에 남지 않았다. 위안충환이 영원성을 지킬 동안 친량위는 쓰촨성과 구이저우성을 지키고 있었다. 영원성이 함락됐다는 소식을 듣고 쓰촨에서 다시 백간병을 이끌고 선양으로 가 전투를 치렀지만 역부족이었다. 베이징 방어를 위해 사투를 벌였지만, 결국 함락됐고 명은 1646년 공식 멸망했다. 당시 친량위는 73세였다.

<hr>

•• 청 태조

그녀는 명이 망한 뒤에도 베이징 교외에 있는 만수산을 거점으로 2년 동안 항거하다 전사했다.

친량위가 만주족에 맞서 끝까지 싸운 명나라 최후의 여장부였다면, 차이어는 만주족이 세운 청을 멸망시킨 장군이다. 멘화 후통 66호에 차이어 장군의 고거가 있다. 지금 이곳은 중앙기상국 직원들이 기숙사로 쓰고 있다. 차이어는 쑨원을 도와 신해혁명을 주도했다. 윈난성에서 신군新軍* 봉기를 일으켜 혁명에 적극 가담했다. 차이어가 이끄는 군대가 혁명군의 주력이었다. 중화민국 임시대총통 자리를 꿰찬 군벌 위안스카이에게 가장 두려운 존재는 전투력이 뛰어난 신군을 보유한 차이어였다.

이 때문에 정권을 잡은 위안스카이는 멘화 후통 66호에 차이어를 1913년부터 1915년까지 사실상 가택 연금했다. 애초 이 집은 위안스카이의 사돈이 살던 저택이었다. 1913년 차이어가 이곳에 입주하자 위안스카이가 군대를 풀어 감금한 것이다. 지금도 대문 앞에는 수령이 100년은 훨씬 넘어 보이는 홰나무 두 그루가 서 있다. 나무들은 이 집을 중심으로 벌어졌던 혁명군 수장과 군벌 수장이 벌인 팽팽한 쟁투를 생생이 기억할 것이다.

차이어가 위안스카이의 감시를 피해 1915년 일본으로 도피할 수 있었던 데에는 천하 명기였던 샤오펑셴의 도움이 컸다. 1980년대 중국에서 큰 인기를 끈 영화 〈지음知音〉은 두 사람의 러브스토리

● 근대적 군대

차이어 장군이 위안스카이에게 감금됐던 몐화 후퉁 66호

를 바탕으로 만들어졌다.

　황제가 되려는 꿈을 꾸고 있었던 위안스카이는 일본의 협력을 얻기 위해 매국적인 조약 '21조'를 체결했다. 차이어의 분노는 하늘을 찔렀지만, 감금 신세여서 어찌할 방도가 없었다. 차이어는 위안스카이를 속이기 위해 기생에 미쳐 사는 척했다. 샤오펑셴도 이때 만났다. 샤오펑셴은 차이어의 분노와 애국을 이해하는 연인이자 동지가 됐다. 샤오펑셴은 휘하의 기생들을 풀어 위안스카이 군대의 눈을 흐리게 한 뒤 비밀리에 차이어를 톈진으로 빼돌렸다. 차이어는 톈진에서 무사히 일본으로 가는 배에 몸을 실었다.

　이후 대만, 홍콩을 거쳐 1915년 12월 19일 윈난성 쿤밍으로 잠입해 위안스카이 정부를 타도하는 군대를 조직했다. 반원反袁●●운

●● 반위안스카이

동의 핵심인 윈난 봉기는 이렇게 해서 일어났다. 위안스카이는 1916년 1월 기어이 스스로를 황제라 칭하고 연호도 홍헌洪憲으로 고쳤다. 차이어는 반원군을 호국군護國軍으로 재편성하고 본격적인 호국 전쟁에 나섰다. 호국군은 3개 군으로 나뉘었는데 제1군은 쓰촨성을, 제2군은 광시성을, 제3군은 윈난성을 접수했다. 호국전쟁과 함께 전국 도처에서 위안스카이의 황제 등극을 반대하는 민중 봉기가 일어났다. 사태를 위태롭게 바라보던 영국, 러시아, 일본도 위안스카에게 황제 취소 압박을 넣었다. 위안스카이는 결국 등극 83일 만에 황제 자리에서 내려왔다.

차이어는 1916년 11월 갑작스레 악화된 후두암으로 사망했다. 겨우 34세였다. 차이어의 사망 소식을 들은 샤오펑셴은 깊은 슬픔에 잠겼다. 샤오펑셴은 "구만리 남쪽 하늘에서 봉황이 날아오르니 폭풍우가 이는구나. 그를 향한 그리움으로 여생은 고통만 남았네. 연지로 꽃단장한 18세 처자는 비통해 유랑할 뿐. 영웅의 뜻을 알아봤으니 연지는 천년이 지나도 변치 않으리"라는 시를 남기고 종적을 감췄다.

끝내 변절한
명나라 명장 주다쇼우

다 망해 가는 명나라 말기에 3대 명장이 있었으니, 그 이름은 위안충환, 친량위, 주다쇼우祖大壽. 조대수(1579~1656)다. 위안충환과 친량위는 청에 맞서 죽을 때까지 싸워 중국은 물론 조선에서도 칭송을 받았지만, 주다쇼우는 청에 항복해 역사에서 찬밥 대우를 받은 장수다. 더욱이 그는 후금의 2대 칸 홍타이지에게 한 번 투항했다가 배신한 뒤 다시 투항해 청나라에서도 큰 대접을 받지 못했다.

생전에도, 사후에도 대접받지 못한 명장의 운명은 그의 무덤이 극적으로 드러낸다. 주다쇼우의 무덤은 아이러니하게도 현재 태평양 건너 캐나다 토론토의 '온타리오 왕립 박물관'에 있다. 혼돈의 시기였던 1921년 이 박물관의 고고학 책임자 찰스 트릭 큐렐리가 모피상으로부터 베이징 북부에 있던 무덤을 통째로 구입한 것이다. 구입 당시 '명 장수의 무덤'이라는 루머는 있었지만, 누구의 무

베이징 제3중학으로 바뀐 주다쇼우의 사당

덤인지는 알려지지 않았다. 1990년대 말 중국과 캐나다 학자들은 이 무덤의 주인이 주다쇼우와 그의 아내들˙이란 사실을 밝혀냈다. 비석만 없을 뿐 제단과 봉분까지 갖춘 거의 완벽한 무덤이 태평양을 건넌 것이다. 비석 잔해는 2013년에야 주다쇼우의 고향인 랴오닝성 싱청에서 발견됐다. 잔해를 복원한 결과 비석 높이가 3미터나 됐다.

주다쇼우가 천하를 호령하던 시절 살았던 곳은 베이징 시청취 서부에 있는 푸궈제富國街, 부국가 후통 3호다. 자금성에서 서북쪽으로 약 3킬로미터 떨어져 있다. 이곳에는 지금 베이징시 제3중학(고등학교)이 있는데, 애초에는 주다쇼우의 사당이 있었다. 자금성에서 나 볼 만한 커다란 사자 두 마리가 지키고 있는 이 학교의 역사 또한 특별하다.

청 옹정제 2년(1724)에 주다쇼우의 사당에 만주족 교육기관인 팔기관학八旗官學을 설치했는데, 이것이 제3중학의 모태다. 학교 역사가 300년 가까이 되는 만큼 자부심도 대단하다. 루쉰과 함께 중국 현대문학을 개척한 라오서老舍, 노사도 1913년에 제3중학에 입학했다. 학교 안에는 라오서 기념관 등 3개 기념관이 있다. 방문 3일 전 예약하면 관람이 가능하다. 중국 고등학교는 제3중학, 제55중학, 제18중학처럼 숫자로 이뤄진 경우가 많은데, 중화민국 시기부터 내려온 전통이다.

● 주다쇼우에겐 3명의 아내가 있었다.

위안충환과 주다쇼우는 살아 있는 '요동장성'으로 불렸다. 누르하치와 그의 아들 홍타이지는 두 장수가 버티고 있는 영원성과 산해관을 좀처럼 뚫지 못했다. 명나라가 마지막으로 승리했던 3대 전투인 닝안寧安. 영안 호위전, 닝진寧錦. 영금 대첩, 베이징 호위전 모두 두 장수가 지휘했다.

위안충환과 주다쇼우가 버티는 한 자금성 접수가 어렵다고 판단한 홍타이지는 '위안충환이 적과 내통한다'는 소문을 명 조정 간신들에게 퍼뜨렸다. 우매한 명의 마지막 황제 숭정제는 이 반간계에 넘어가 위안충환을 옥에 가두었다. 하늘처럼 모시던 장수의 투옥 소식을 전해 들은 주다쇼우는 격분해 주력군을 요동에서 철수시켜 버렸다. 베이징 함락이 코앞에 놓이자 숭정제는 주다쇼우에게 원위치할 것을 명했다. 그러나 주다쇼우는 꿈쩍도 하지 않았다. 다급해진 숭정제는 "복귀하지 않으면 너의 상관인 위안충환을 죽일 것"이라고 위협했다. 주다쇼우는 위안충환의 목숨을 살리기 위해 다시 요동 전장으로 갔지만, 황제는 결국 위안충환을 능지처참했다.

주다쇼우는 황제에 적개심을 품었지만, 어쩔 수 없이 홀로 요동의 다링허大凌河. 대릉하성을 지켰다. 홍타이지 군대는 성을 겹겹이 에워싸고 계속 공격해 왔다. 전투가 3개월 동안 계속되자 식량이 떨어져 말을 잡아먹을 수밖에 없는 상황에 이르렀다. 부관 허커강을 제외한 모든 부하들이 투항을 권했다. 결국 주다쇼우는 "나라도 중하지만, 가족과 내 몸도 중하다. 지금까지 충성을 다해 나라를 지켰다. 황제에게도 할 만큼 했다. 이제 내 명을 소중히 할 것이다"라고 말했다. 끝까지 반대한 허커강의 목을 베고 투항했다. 하지만 이는 위장 투항이었다.

홍타이지 앞에 선 주다쇼우는 "몐저우綿州. 면주성에 있는 명나라 군사들은 아직 나의 투항 사실을 모르니 나를 면주성으로 보내면 피를 흘리지 않고 성을 접수할 수 있을 것"이라고 말했다. 홍타이지는 크게 반겼다. 성에 들어간 주다쇼우는 돌연 투항을 취소하고 항전을 선언했다. 홍타이지는 부끄럽고 분했다. 직접 군사를 몰아 면주성으로 갔다. 무려 10년 동안 면주성을 수성한 주다쇼우는 1642년 다시 투항하겠다며 성 밖으로 나왔다. 홍타이지는 더 이상 그를 믿지 않았다. 다만, 그의 재주를 아까워해 죽이지는 않았다.

주다쇼우가 다시 투항한 이유는 명확하지 않다. 우물이 마르고 말고기마저 떨어져 성의 무고한 백성들을 살리기 위해서라는 설도 있지만, 자신의 목숨을 부지하기 위해서라는 설이 더 설득력이 있다. 투항 이후 초야에 묻혀 지내던 그는 명나라를 완전히 절멸시키고 자금성에 들어온 청의 3대 황제 순치제 3년(1656)에 병사했다. 명나라 정사인『명사明史』에는 주다쇼우에 대한 기록이 거의 없다. 그의 이름은 명을 배반한 신하와 장수들을 기록한 야사인『명사고 이신전明史稿 貳臣傳』에 나온다. 이신은 두 임금을 섬긴 절조 없는 신하를 뜻한다. 충신의 반대말이다.

제 4 장

✖

뜨겁게 떠오른
중국의 붉은 별들

✖

기념관 없는
천두슈의 젠간 후통

자금성과 왕푸징 사이에 있는 젠간箭杆, 전간 후통은 청나라 때 화살대箭杆, 전간를 만들던 작업장이 모여 있던 골목이다. 우리로 치면 행정자치부와 같은 민정부의 민원실 건물 말고는 별다른 특징이 없는 이곳에서 눈여겨봐야 할 집이 한 채가 있다. 바로 젠간 후통 20호로, 중국 공산당 창시자 중 한 명인 천두슈(1879~1942)가 살았던 곳이다. 지금은 민간인이 살고 있어 함부로 들어가 볼 수 없다. 기록에 따르면 이 사합원은 460제곱미터의 대지에 방이 18칸이나 됐다고 한다. 천두슈는 이 사합원 한 구석에 세 들어 살았다.

천두슈는 이곳에서 중국 근대사상사에서 빼놓을 수 없는 잡지인 「신청년」을 발간했다. 천두슈는 애초 이 잡지를 1915년 상하이에서 창간했다. 베이징대 총장으로 있던 차이위안페이의 요청으로 1917년 1월부터 베이징대 문과대 학장으로 재직하기 시작하면서

중국 공산당 창시자인 천두슈가 살던 집. 기념관으로 조성되지 않고 민가로 변했다.

「신청년」편집부를 여기로 옮겨 왔다. 젠간 후통은 당시 베이징대 건물인 베이다훙러우와 그리 멀지 않다. 「신청년」이 베이징에 발행되면서 봉건 체제 혁파와 공산주의 사상 전파를 갈망하던 베이징의 수많은 사상가가 이 잡지에 글을 실었다. 루쉰의 소설 『광인일기』와 『공을기』, 리다자오의 『서민의 승리』 등 중국 근대문학의 시효들이 「신청년」을 통해 세상에 알려졌다. 「신청년」은 마르크스주의와 민주 사상을 전파하는 한편 봉건과 전제주의, 미신을 타파하는 용광로 역할을 했다.

　「신청년」이 발간되던 때는 봉건 말기와 근대의 초기가 부딪치는 혼돈의 시기였다. 원래 사상은 혼돈을 먹고 사는 법이다. 이 시기에 중국의 사상 세계는 한층 성숙해졌다. 신청년의 총편집자인 천두슈를 비롯해 후스, 루쉰, 루쉰의 동생 저우쬐런, 첸셴퉁, 류반눙, 선이모 등 당대의 문학가와 사상가들이 젠간 후퉁 20호에 모여 과학, 이성, 자유, 사회주의를 논하고 글을 썼다. 신청년은 발간 즉시 매진되는 기록을 계속 세우며 불티나게 팔렸다. 1917년 평균 발행부수가 2만 6,000부였다.

1917년 2월 천두슈는 「신청년」에 '문학혁명론'이란 글을 썼다. 이 글에서 그는 "유럽의 문학은 루소, 졸라, 베이컨, 디킨스와 같은 학자들이 서로 영향을 주고받으며 지속적으로 발전했지만, 중국 문학은 여전히 봉건시대에 그치고 있다"라고 썼다. 이에 자극받아 루쉰은 1918년 「신청년」 5월호에 중국 최초의 백화문 현대소설로 평가받는 단편 『광인일기』를 발표했다. 이 소설로 인해 중국 혁명 문학의 사실주의적 전통이 수립됐다. 루쉰은 "천두슈 선생은 내가 소설을 쓰도록 독촉한 강력한 촉매제였고, 혁명의 전위였다"라고 회고했다.

천두슈의 필명은 38개 이르렀는데, 그중 하나가 '요우지由己, 유기'였다. 우리말로 풀이하면 '내 뜻대로(또는 내 멋대로)' 정도가 되겠다. 필명처럼 천두슈는 자기 뜻대로 중국 공산당 창시자에서 트로츠키파로, 말년에는 미국식 의회주의를 칭송하며 한평생을 살았다.

1879년 안후이성 화이닝에서 태어난 천두슈는 구시서원求是書院●을 졸업하고 1901년에 일본으로 유학을 떠났다. 1915년 창간한

● 저장대학교의 전신

「신청년」과 1918년 리다자오 등과 함께 창간한 「매주평론」은 1919년 5.4 운동의 사상적 기반이 되기도 했다.

그는 5.4 운동 직후 마르크스주의를 본격적으로 받아들였다. 1920년 5월 상하이에서 국제공산당(코민테른) 대표 보이틴스키를 만나 중국 공산당 조직을 위한 공작에 들어갔다. 드디어 1921년 7월, 천두슈는 자신의 활동 중심지였던 상하이에서 개최된 중국 공산당 제1차 전국대표대회에서 총서기로 당선됐다. 1차 당대회가 열릴 당시 천두슈는 광둥대학 예과학부에서 학생들을 가르치느라 대회에 참석하지 못했다. 하지만 천두슈를 능가하는 인물이 없었기에 초대 총서기가 되는 것에 아무도 이의를 제기하지 않았다.

천두슈의 첫 번째 위기는 1927년 장제스가 벌인 공산당 대학살 때 왔다. 1925년 쑨원이 죽자 국공합작은 위태로워졌다. 국민당 실권을 장학한 장제스는 1927년 북벌을 외치며 양쯔강까지 치고 올라간 뒤 공산주의자 탄압에 나섰다. 4월에는 공산주의 운동의 본산인 상하이에서 공산당원을 모조리 체포하고 처형했다. 장제스의 백색테러에 반발해 공산주의자들의 무장 폭동도 계속됐다. 『아리랑』의 주인공 김산(장지락)이 중국 최초의 소비에트인 광둥 코뮌과 하이루펑 전투에서 활약하던 시기도 이때다. 천두슈는 장제스의 무자비한 탄압에도 일체의 무력 저항에 반대하는 입장을 취하다가 결국 총서기 자리에서 물러났다. 폭력으로는 혁명을 이룰 수 없다는 천두슈의 이상론은 무력이 아니고서는 아무것도 이룰 수 없는 혼돈의 상황에선 너무나 이상적이었다.

급기야 천두슈는 1929년 공개적으로 당의 노선을 비판하며 트로츠키 노선을 지지한다고 선언했다. 국민당을 넘어뜨리는 것은 불가능하고 바람직하지도 않으며 지금 당이 추진하는 소비에트 건설은 잘못된 노선이라고 주장했다. 러시아 혁명가인 트로츠키는 스탈린의 일국사회주의●를 비판한 세계혁명론자로, 스탈린에게 암살됐다. 천두슈는 코민테른이 중국에서 전개하는 소비에트 건설 노선을 격렬하게 공격했다. 마오쩌둥이 이끄는 농촌 중심의 무장혁명에도 반대했다. 당내에서 트로츠키 조직을 건설하다가 1929년 11월 제명됐다.

1932년 10월 국민당 정부에 체포된 그는 1937년 8월 출옥해 국민당 주도의 항일투쟁과 국공합작을 옹호했다. 이로써 국민당 타도를 견지해 온 트로츠키파 중앙과도 결별했다. 말년에 접어든 천두슈는 스탈린의 숙청을 꾸짖고 무산계급 독재를 부정했다. 더 나아가 영미 의회민주제를 찬양하기에 이르렀다. 레닌과 트로츠키의 이론 모두 중국과 러시아 그리고 서구에 적용할 수 없다고 봤다. 1942년 5월 27일 심장병으로 충칭 장진현에서 세상을 떠났다. 젠간 후통 20호 앞에는 '천두슈 고거'라고 적힌 작은 표지석 하나만 덩그러니 놓여 있다. 필자가 찾았을 때에는 표지석에 이불 빨래가 널려 있었다.

● 러시아만의 혁명으로도 세계 혁명을 이끌 수 있다는 주장

기념관 있는
리다자오의 원화 후통

중국 공산당을 건설한 두 주역을 꼽으라면 천두슈와 리다자오李大
釗, 이대소(1889~1927)를 든다. 천두슈는 주로 상하이 등 남방에서 공산
주의 운동을 펼쳤고, 리다자오는 북쪽 베이징이 활동 거점이었다.
이 때문에 '남진북리南陳北李'*라는 말이 생겼다. 두 사람 모두 마르
크스주의를 중국에 처음 소개하고 접목시킨 사상가이자 뛰어난 조
직가였다.

처음 공산주의를 받아들일 때에는 천두슈가 더 마르크스주의
원칙에 충실했고 리다자오는 다소 유연했다. 천두슈는 일체의 중
국 전통과 유교사상을 부정했지만, 리다자오는 공산주의와 중국
사상을 융합하려는 시도를 많이 했다. 그러나 말년에는 정반대가
됐다. 천두슈는 공산당의 무장 혁명 노선을 부정하다가 당에서 제
명됐다. 반면, 리다자오는 무장 폭동을 줄기차게 주도하다가 동북
의 군벌 장쭤린張作霖, 장작림에게 암살당했다. 공산주의를 포기한 천
두슈의 죽음은 쓸쓸했고, 공산당을 지킨 리다자오의 죽음은 장렬
했다.

두 사람의 차이는 예전에 거주하던 집에서도 확연히 느낄 수
있다. 앞서 살펴본 대로 천두슈의 고거는 젠간 후통에 있는데, 지금

• 남쪽은 진독수 북쪽은 이대소

천두슈와 함께 초기 공산당을 이끈 리다자오 고택

은 민가로 변해 타인이 들어가 볼 수 없다. 대문 앞 표지석을 자세히 봐야만 천두슈가 살았던 곳임을 알 수 있다. 찾는 이도 없다. 그러나 리다자오의 고거는 기념관으로 꾸며져 관람객과 추모객의 발길이 끊이지 않는다.

리다자오 고거는 금융회사 건물들이 빌딩 숲을 이루는 금융가인 시청취 원화文華, 문화 후통에 있다. 후통의 이름도 스푸마石駙馬, 석부마●● 후통에서 1965년 '사상가' 리다자오를 기리기 위해 '문화'로 바꼈다. 이 골목 24호가 바로 리다자오가 살던 집이다.

●● 명 선종의 둘째 사위인 석씨 성을 가진 부마가 살던 곳에서 유래

리다자오 기념관에 서 있는 리다자오 흉상

　　고거 대문을 들어서면 오성홍기를 배경으로 회색의 리다자오 흉상이 굳건하게 서 있다. 'ㄷ'자 형태의 삼합원 건물로, 정면에 방이 3칸, 양쪽 측면에 각각 6칸의 방이 있다. 리다자오 부부의 침실, 딸의 침실, 서재 등이 잘 보존돼 있다. 뜰에는 해당화가 흐드러지게 피는데, 모두 리다자오가 직접 심었다. 삼합원 맞은편에는 큰 전시관이 마련돼 있어 초기 중국공산당 역사와 당시 지도자들의 활동을 체계적으로 훑어볼 수 있다. 응접실 정면에는 리다자오 친필 편액이 걸려 있다. 철견담도의鐵肩擔道義, 묘수저문장妙手著文章이

리다자오 딸이 쓰던 방. 전통 사합원의 정취가 느껴진다.

라고 쓰여 있다. '굳건한 어깨에 도의를 짊어지고, 아름다운 손으로 글을 쓰다'라는 뜻이다. 리다자오가 평생 추구한 삶의 지향점이기도 하다.

리다자오는 1918년부터 베이징대 교수와 도서관 주임을 맡았다. 1920년부터 1922년까지 24호에 살면서 덩중샤鄧中夏. 등중하, 천두슈 등과 함께 비밀리에 '마르크스학연구회'를 조직했다. 베이징 공산당 소조을 창립하는가 하면 「노동자」라는 대중잡지를 만들어 마르크스주의를 선전하기도 했다. 코민테른 대표 보이틴스키를 접견해 중국공산당 창당 문제를 논의한 곳도 이 집이다. 리다자오는 보이틴스키에게 상하이에 있는 천두슈를 소개했다. 보이틴스키와 만난 천두슈는 1920년 8월에 상하이 공산당 조직을 만들었고, 리다자오는 그해 10월 베이징 공산당 조직을 만들었다. 상하이와 베이징의 조직을 바탕으로 1921년 7월 23일 상하이에서 역사적인 중국공산당 제1차 전국대표대회가 개막된다. 1차 당대회에는 후난성 대표 마오쩌둥 등 13명이 참가했다. 천두슈와 리다자오 모두 개인 사정으로 불참했다. 지금은 당원 9,000만 명을 보유한 세계에서 가장 큰 정당인 '중국공산당'이라는 당명은 리다자오가 정했다.

리다자오는 1923년 6월 쑨원과 난상토론 끝에 공산당원들이 개인 자격으로 국민당에 참가하는 제1차 국공합작을 결행하기로 의견을 모았다. 국공합작 정식 결정은 3차 공산당 대회에서 추인됐다. 중국 공산당의 '통일전선' 전략이 처음 시동을 건 것이다.

중국 중앙정부는 1979년 리다자오 고거를 베이징시 문물보호 단위로 지정했다. 원화 후통은 금융가인 신원화제新文化街, 신문화가와 연결돼 있고, 바로 옆에 원창文昌, 문창 후통이 있다. 3개 거리에 모두 '문'자가 들어가 있다. 신원화제는 대문호 루쉰을 기리기 위한 거리이고, 원창 후통에는 군벌 장쉐량이 살던 집이 있었다고 한다. 장쉐량은 리다자오 암살을 명령한 장쭤린의 아들이자, 시안사변을 일으킨 장본인이다. 시안사변은 1936년 12월 12일 공산당 토벌을 위해 산시성 시안에 주둔하던 장쉐량 휘하의 동북군(만주군)이 공산당과의 전쟁을 독려하기 위해 온 장제스를 감금한 사건이다. 시안사변 덕택에 궤멸 직전의 공산당이 구사일생으로 살아났다. 군벌 장쉐량과 '문'은 그리 잘 어울리지 않지만, 시안사변의 공을 기려 후통에 文 자를 새겨 넣은 듯하다.

리다자오에 대한 일화를 좀 더 살펴보자. 그는 중국공산당 창시자 중 한 명이지만, 정작 1921년 7월 23일 상하이 프랑스 조계租界에서 열린 제1차 당대회에는 참석하지 못했다. 이유는 베이징 군벌정부(북양정부)를 상대로 베이징대 교직원을 위한 임금인상 투쟁을 하느라 바빴기 때문이다. 당시 그는 베이징대 역사학, 경제학, 철학 교수 겸 도서관 관장이었다. 군벌정부는 국가 예산의 대부분을 군비로 사용했다. 교육비로는 국가예산의 75분의 1만 책정해 국립대 교원들의 생활고가 이만저만이 아니었다. 1921년 6월 3일 리다자오는 다른 교수들과 함께 임금체불을 항의하기 위해 총통부를 방문했다. 오전 9시부터 오후 4시까지 대총통 쉬스창徐世昌, 서세창과의 면담을 요구했으나, 거절당했다. 이에 리다자오는 '후안무치한 총통은 월급을 그만 떼어 먹으라'라는 항의서를 전달했다. 항의서를 보고 격노한 쉬스창은 무력 진압을 명령했다. 위병소에 있던 군인들이 대거 뛰쳐나와 교수와 학생들을 무차별 가격했다. 수십 명이 다쳤고, 리다자오도 머리가 깨져 병원으로 후송됐다. 이 사건이 바로 베이징 시내 8개 대학 교수 및 학생들을 무차별 구타한 '6.3 참안慘案'이다.

리다자오는 이처럼 베이징대에 대한 애착이 대단했다. 지금도 베이징대에는 1982년 학생들이 성금으로 건립한 리다자오 동상이

대학의 상징물처럼 남아 있다. 같은 학교 교수였던 천두슈 동상은 찾아볼 수 없다.

특히 리다자오는 베이징대 사서였던 마오쩌둥을 발굴해 공산당 지도자로 키웠다. 마오쩌둥은 1936년 옌안 시절 『중국의 붉은 별』을 쓴 에드거 스노와의 대담에서 "도서관 사서 시절 리다자오의 가르침 덕택에 나는 매우 빨리 마르크스 이론의 길로 접어들 수 있었다"라고 밝혔다. 저우언라이 총리도 생전에 "매주평론」, 「신청년」 등에서 본 리다자오의 글이 나를 혁명으로 달려가게 했다"라고 회고했다.

실제로 1919년 7월 「신청년」에 발표한 리다자오의 2만 6,000자 논문 '나의 마르크스 주의관'은 중국 최초의 마르크스주의 기본서로 꼽힌다. 그는 이 책에서 유물사관, 정치경제학, 사회주의를 마르크스주의의 3대 구성으로 보고 이들 간의 불가분의 관계와 상호작용을 논리적으로 풀었다.

흥미로운 사실은 리다자오가 님 웨일스*가 쓴 책 『아리랑』의 주인공 김산에게도 큰 영향을 끼쳤다는 점이다. 아리랑에는 김산이 1924년 김충창 등과 이르쿠츠크 공산당의 한 지부로서 베이징 고려공산당을 창립했다고 나온다. 이 시절 김산은 중국의 초기 공산주의자들을 두루 만났는데, 리다자오도 그중 한 명이었다. 김산은 잡지 「혁명」에 정기적으로 기고를 했는데, 리다자오가 이따금씩

---

* 에드거 스노의 부인

충고와 비판을 해 주었다고 밝히고 있다. 투옥과 고문으로 심신이 피폐해진 김산은 1932년 초 베이징 외곽 바오딩푸에 있는 제2사범학교에서 교사 생활을 했다. 이 학교의 창립자도 리다자오다.『아리랑』에는 김산의 첫사랑이었던 류링이라는 중국 여성이 나온다. 류링은 리다자오를 추종하던 열혈 공산주의자였다. 리다자오가 베이징 톈차오에서 장쭤린 부하들에게 암살되자 몹시 괴로워했고, 김산을 만나면서 위로를 받는다.

마오쩌둥의
어린 영어교사 장한즈

스쟈 후통은 스쟈史家. 사가라는 이름 때문에 역사가와 관련된 골목일 것이라는 생각이 들지만, 과거 스씨 성을 가진 대부호가 살았던 곳이라는 뜻에서 유래됐다. 이 후통에서 가장 유명한 고택은 장스자오章士釗. 장사소와 그의 딸 장한즈章含之. 장함지가 살았던 51호다.

장스자오(1881~1973)는 마오쩌둥의 스승이자 장인인 양창지楊昌濟. 양창제가 아끼던 후배이고 혁명가였다. 양창지가 세상을 떠나며 스물한 살 아래인 장스자오에게 "구국을 생각한다면 마오쩌둥과 차이허썬을 중시하라"라고 편지를 쓴 것은 유명한 일화다. 양창지, 장스자오, 마오쩌둥, 차이허썬 모두 후난성 창사 출신이다.

장스자오는 청말 상하이 쑤바오蘇報. 소보 주필을 역임한 언론인

마오쩌둥의 후견인이었던 장스자오가 살았던 사합원

이자 교육자였다. 베이징대 교수와 베이징농업대 총장을 역임했다. 마오쩌둥과의 인연으로 제3기 전국인민대표대회 상무위원도 맡았다. 1949년 공산혁명에 의한 신중국 성립 이후 베이징에 올라왔지만, 거처가 없어 친구 집에서 세를 들어 살고 있었다.

이를 안타깝게 여긴 저우언라이 총리가 1957년 국무원에 장스자오 가족이 머물 집을 마련하라고 지시했다. 국무원이 매입한 곳이 바로 스샤 후통 51호다. 장스자오는 일가족이 살기에 사합원이 너무 크다고 거절했으나, 저우 총리는 "당신이 중국공산당에 헌신한 것에 비하면 결코 크지 않다"라고 극구 설득했다. 장스자오는 1960년부터 1973년 사망 때까지 이 집에서 살았다. 사후에는 그의 딸 장한즈와 외교부 장관을 지낸 사위 차오관화喬冠華, 교관화가 살았다. 현재 이곳은 장한즈 부부의 후손들이 살고 있어 외부에는 개방되지 않고 있다. 2018년 봄에 들렀을 때는 내부 리모델링 공사가 한창이었다. 문 밖에는 미세먼지를 뒤집어 쓴 고급 승용차 한 대가 주차돼 있었다.

장스자오의 딸 장한즈는 중국의 '마지막 요조숙녀'로 불린다. 2008년 사망한 장한즈는 닉슨 미국 대통령의 중국 방문 등 1970년대 중국 외교 현장에 항상 등장했던 중국 외교의 산증인이기도 했다. 교양과 미모, 글 솜씨를 두루 갖췄다. 장한즈는 1963년 마오쩌둥의 70세 생일 축하연에 아버지와 함께 참석했다가 마오로부터 영어를 가르쳐 달라는 요청을 받고 6개월 동안 마오의 영어 개인교사 생활을 하기도 했다.

베이징와이푸퉁北京外普通, 북경외보통대학교 영어과 석사과정을 졸업한 후 마오의 후원으로 중국 외교부에 입성한 그는 1972년 외교부의 고위 관료였던 차오관화의 둘째 부인이 됐다. 38세 장한즈와 60세 차오관화의 결혼은 큰 화제가 됐다. 남편과 별거하고 있던 장한즈가 차오관화를 맘에 두고 있다는 사실을 안 마오쩌둥이 "왜 체면 때문에 망설이느냐. 너 자신을 해방시켜라. 그러면 내가 제일 먼저 축하해 주겠다"라며 결혼을 독려했다. 차오관화는 6.25 전쟁 당시 외교부 아시아국장대리로 정전협상과 국제연합 안전보장이사회에 참석하는 등 항미원조抗美援朝에도 상당히 깊숙이 개입한 인물이다. 1974년에 외교부장에 취임했고, 마오 사후인 1976년, 문화대혁명을 주도했던 사인방四人幇의 지지자로 알려져 실각했다.

　마오쩌둥은 1920년 장스자오에게 2만 위안을 빌린 적이 있다. 후난성 출신의 후배들이 프랑스로 공산주의를 배우기 위해 유학을 떠나는 '근공검학' 경비를 마련하기 위해서였다. 1963년 초 마오쩌둥은 장한즈를 불러 "내가 아직 너의 아버지에게 빌린 돈을 갚지 못했다. 올해 춘절(설날)부터 10년 동안 춘절마다 2,000위안씩 갚을 것"이라고 말했다. 장한즈는 아버지에게 이 사실을 말했다. 장스자오는 "마오 주석이 그 일을 아직도 잊지 않고 있구나"라며 껄껄 웃었다. 장스자오는 딸을 통해 "그 돈은 내 개인 돈이 아니라 많은 인민이 모금한 돈이었으니 받을 수 없다"라는 뜻을 전했다. 그러나 마오쩌둥은 "장스자오가 혁명을 위해 한 일을 어찌 잊을 수 있겠는가. 내가 국고를 축내 생활보조금을 준다고 하면 그 노인네 성품상 받지 않을 것을 잘 알기에 개인 돈으로 빚을 갚는다고 한 것이다. 이 돈은 국고에서 나오는 것이 아니라 내 원고료를 아낀 것"이라고 말했다. 마오는 실제로 그해 춘절부터 1972년 춘절까지 매번 잊지 않고 2,000위안씩 보냈다. 1973년 춘절에는 "이제부터는 이자를 갚아야 하는데, 50년 이자가 얼마인지 계산할 방법이 없다"라면서 "오래 건강하게 살면 차차 이자를 갚겠다"라고 했다. 그러나 장스자오는 그해 춘절을 쉰 지 얼마 지나지 않아 사망했다.

반공산주의자 장제스와
공산주의 작가 마오둔의 '모순'

베이징의 후통을 다니다 보면 한 골목에 유서 깊은 고택이 여럿 모여 있는 경우가 종종 있다. 역사가 오래다 보니 유명 인사들이 시차를 두고 둥지를 틀었기 때문이다. 특히, 성향과 삶의 궤적이 전혀 다른 인물들의 옛집을 동시에 둘러보는 묘미는 색다르다. 후통 밀집 구역인 난뤄구샹 동쪽에 붙어 있는 7번째 후통 허우위안언쓰後圓恩寺, 후원은사 후통에도 중국 현대사에서 '모순적인' 삶을 살다 간 두 인물의 집이 지근거리에 있다.

이 후통의 이름은 원나라 때 대사찰이었던 위안언쓰圓恩寺, 원은사의 뒤쪽에 있는 골목이라는 뜻에서 유래됐다. 지금은 사찰 흔적을 찾아볼 수 없다. 이 후통 7호는 국공내전에서 패해 대만으로 쫓겨간 중화민국 총통 장제스가 군사사무실 겸 숙소로 썼던 저택이다. 얼마 떨어져 있지 않은 13호는 중국이 낳은 걸출한 소설가이자 공산주의 혁명가 마오둔茅盾, 모순의 옛집이다. 마오둔의 본명은 선더훙沈德鴻, 심덕홍인데, 1927년 초기 소설 『환멸』을 발표하면서 역사와 계급의 '모순'을 극복하자는 취지로 필명을 '마오둔'으로 정했다. 공산당 괴멸을 필생의 과업으로 여긴 장제스와 이런 장제스를 통렬히 비판하며 글로써 공산주의 전사를 길러 낸 소설가의 집이 지척에 있다는 게 중국 현대사의 '모순'을 잘 드러내는 듯하다.

장제스가 머문 7호는 역사적으로 많은 부침을 겪었다. 청나라 말기에는 경친왕 혁광奕劻의 아들 재부載敷가 소유한 왕푸였다. 1901년 의화단 사건 처리를 위해 서방 연합 8개국과 맺은 불평등 조약인 신축조약辛丑條約에 서명한 당사자인 경친왕은 황족 가운데서도 재물 욕심이 극에 달했다. 하지만, 아들 재부는 아버지와 달리 재산 축적보다는 기생 놀음과 도박을 즐겼다. 애첩을 위해 7호를 궁궐처럼 꾸몄으나, 도박 빚을 갚지 못해 결국 이 집을 팔아야 했다.

장제스는 7호에 두 번 머물렀다. 처음에는 영광스러웠으나, 두 번째는 굴욕적이었다. 1945년 10월 10일 2차 세계대전에서 패배한 일본군은 자금성에서 항복 문서에 서명했다. 그해 12월 장제스는 '항일전쟁의 영웅' 자격으로 난징에서 베이징으로 왔다. 표면적인 이유는 항일 전쟁을 치른 북방 동포를 위문하기 위함이었다. 그러나 장제스의 마음에는 북방에서 활개치고 있는 공산당을 토벌해야 한다는 욕구가 더 컸다. 장제스는 7호 군사집무실에 머물며 항일전쟁에 참가했던 학생들을 접견했다. 베이징 군벌 정부의 폭정에 맞서 싸우며 항일 운동을 벌여온 학생 대표들이 좌경화하는 걸 막기 위함이었다. 장제스는 또 이 집에 머물며 베이징에 주둔한 미군을 위해 열병식도 열어 줬다. 일본 제국주의를 침몰시킨 세계 최강 미군의 환심을 사 장차 벌어질 공산당과의 내전에서도 원조를 받기 위한 포석이었다.

장제스가 두 번째로 7호를 찾은 것은 그로부터 3년이 지난 1948년 9월 30일이었다. 국공내전이 막바지에 접어들던 시기로,

국민당 군이 절체절명의 위기에 몰린 상태였다. 장제스는 7호에 머물며 랴오선遼沈. 요심 전투를 지휘했다. 랴오선 전투는 화이하이淮海. 회해, 핑진平津. 평진 전투와 함께 국공내전의 향방을 가른 3대 전투다. 1948년 9월부터 12월까지 마오쩌둥의 인민해방군은 이 3대 전역에서 국민당 군에 완승했다. 특히, 랴오선 전투는 3대 전투 중 첫 번째로, 여기에서 대승을 거둔 인민해방군은 이전의 빨치산식 게릴라 전술을 접고 자신감 있게 전면전으로 나아갔다. 그리고 1년 뒤 장제스는 중국 대륙에서 완전히 패해 대만으로 쫓겨 갔다.

국공내전 당시 국민당군의 무장 병력은 무려 430만 명에 이르렀고 인민해방군은 128만 명에 불과했다. 무기 수준 차이는 병력

국공내전 막바지에 장제스가 머물던 저택. 지금은 호텔로 변했다.

차이보다 더 컸다. 국민당군은 미국이 지원해 주는 전투기와 군함, 폭격기까지 보유하고 있었다. 그러나 인민해방군은 대장정 당시 홍군이 쓰던 무기와 항일전쟁 당시 팔로군과 신사군이 쓰던 무기 밖에 없었다. 이런 열세에도 불구하고 공산당이 내전에서 승리할 수 있었던 것은 민중의 마음을 얻었기 때문이다. 내전 당시 공산당의 해방구(소비에트)는 19개 성에 19개에 이르렀으며, 소속 인구는 약 1억 명이었다. 국민당군이 해방구를 점령해 들어가면 민심이 국민당 쪽으로 기우는 게 아니라 오히려 해방구 너머 더 넓은 지역으로 퍼져 갔다. 국민당 정부의 가혹한 과세와 무능에 분노한 노동자, 농민들은 자원해 인민해방군 병사가 됐다. 중국 인민들이 국민당을 버리고 있다는 사실을 눈치챈 미국도 서서히 내전에서 발을 뺐다.

　장제스가 버리고 간 7호는 중화인민공화국 수립 이후 사회주의 유고 연방 대사관으로 쓰였다가 여러 번 주인이 바뀐 끝에 지금은 유하오友好, 우호라는 상업 호텔로 변했다. 필자가 찾아갔을 때에는 높은 가림 막을 쳐 놓고 보수 공사를 하고 있었다. 웅장한 2층 대리석 건물과 거대한 전통 사합원이 어우러진 호텔로 베이징에 머물 기회가 있으면 이 호텔을 예약하는 것도 좋을 듯하다.

　근처 13호에 살았던 마오둔은 1896년 저장성 자싱에서 태어났다. 1921년 천두슈가 베이징에서 상하이로 내려오자 바로 상하이로 가서 공산당에 가입했다. 1925년에는 '프롤레타리아 예술론'이라는 평론을 내놓았다. 「소설월보」 등 문예지에 혁명 문학을 꾸준히 집필했고, 국민당 통치 지역과 조계지에서 암약하며 지하당 활

동을 전개했다. 중화인민공화국 성립 이후에는 마오쩌둥의 비서를 맡기도 했으며, 문화부 장관을 오래했다. 문화대혁명 시기에도 홍위병의 공격을 피한 몇 안 되는 지식인이었다.

마오둔 고거에는 그의 작품과 유품들이 잘 전시되어 있다. 1982년 마오둔이 사망한 이후 그가 살던 모습 그대로 보존하고 있다. 한겨울에도 네모난 사합원 뜰에는 늘 햇볕이 든다. 반면, 공산당의 적이었던 장제스 집무실은 공산당의 방치 속에 여러 차례 주인이 바뀌다가 상업 호텔로 변했다. 그곳에서 장제스의 흔적은 오직 '장제스 행원行轅●'이라고 적힌 표지석에만 남아 있다. 장제스 행원 맞은 편 담벼락에는 시진핑 중국 국가주석이 제창한 '중국특색사회주의'를 설명하는 글과 시 주석의 어록이 적힌 붉은색 포스터가 선거 벽보처럼 길게 붙어 있었다. 역사는 승리자의 것이라는 사실이 새삼 실감났다.

비단 마오둔 고거만이 아니다. 중국 정부는 공산당 혁명에 기여한 인물의 옛집은 애지중지하며 보존하지만, 공산당에 반대했거나 공산당원이 아니었던 유명 인사들의 옛집은 방치하거나 헐어 버렸다. 중국 공산당의 역사 대접 방식이 이렇듯 편파적인 것 같아 못내 씁쓸하다.

스물일곱 연상 쑨원을 선택한 여자,
쑹칭링 고택

스차하이는 베이징을 찾는 관광객이면 한 번쯤 들르는 운치 있는 호수다. 원나라 때 남방의 농산품을 수도 베이징으로 운송하는 운하의 맨 끝단에 거대한 호수를 판 것으로, 항구처럼 운영했다. 스차하이는 시하이西海. 서해, 허우하이后海. 후해, 첸하이前海. 전해 등 3개 호수로 이뤄졌다. '10개의 사찰이 있는 호수'라는 뜻인데, 지금은 광

● 임시로 설치된 기구

화쓰廣化寺, 광화사 하나만 남아 있다. 전통 건축과 서양식 카페가 즐비해 야경이 베이징에서 제일 아름답다.

특히 허우하이 주변에는 대저택과 소문난 맛집, 카페, 펍이 밀집되어 있다. 허우하이 주변에서 꼭 가볼 곳은 중화인민공화국의 명예주석으로 추앙받는 쑹칭링宋慶齡, 송경령 고거다. 주소는 허우하이 베이옌北沿, 북연 후통 49호로 되어 있다. 애초 이 저택은 청 말기 광서제의 친아버지이자 마지막 황제 푸이의 할아버지인 순친왕醇親王 혁현奕譞이 살았던 춘왕푸醇王府, 순왕부였다.

이 저택에는 스물일곱 살 나이 차를 극복하고 부부의 연을 맺은 쑹칭링과 쑨원의 러브스토리가 깃들어 있다. 대나무와 홰나무가 어우러진 정원, 인공산과 저택을 휘감는 물길이 장관이다. 인공산 꼭대기에 올라 저택과 정원을 바라보며 느끼는 운치는 꽤 오래 기억에 남는다. 고택 안에는 쑹칭링이 생전에 쓰던 가구와 책 등이 잘 보존돼 있다. 사합원 마당에는 나이가 100살도 넘은 해당화와 200살도 더 된 석류나무, 500살이 넘은 홰나무가 버티고 서 있다. 봄철에 가면 만개한 해당화가 일품이다.

춘왕푸는 1962년 동양과 서양의 양식이 혼합된 형태로 개축돼 지금에 이르고 있다. 건물 역사는 청 강희제 때까지 올라간다. 당시 대학사였던 명주가 이곳에 화원을 지었고, 건륭제 시절에는 천하의 탐관이었던 허선이 이곳을 별장으로 삼았다. 가경제 시절에 성친왕 영성의 왕부와 화원으로, 광서제 때는 광서제의 생부인 순

쑹칭링이 1981년 사망할 때까지 살았던 춘왕푸 건물. 허후하이 옆에 있다.

친왕 혁현의 저택으로, 마지막 황제 푸이 시절에는 푸이의 생부인 2대 순친왕 재풍의 왕부와 화원으로 사용됐다. 재풍은 어린 푸이를 대신해 통치하는 섭정왕이었기 때문에 이곳이 섭정왕부로 불리기도 했다. 중화민국 시기에는 학교 기숙사로 팔리기도 했다. 중화인민공화국이 수립되면서 위생부● 사무실로 사용되다가 주중 몽고 대사관으로 쓰였다.

마오쩌둥은 국모로 추앙받는 쑹칭링을 위해 이곳에 대저택을 지어 주려고 했다. 하지만 쑹칭링은 극구 거절했고, 저우언라이 총리가 쑹칭링을 여러 차례 찾아가 겨우 설득한 끝에 1962년에 개축됐다. 쑹칭링은 이곳에서 1981년 5월 29일 사망할 때까지 19년 동안 살았다.

상하이에서 태어난 쑹칭링은 미국 웨슬리대학을 졸업한 신여성이었다. 그녀는 1912년에 난징 임시정부 대총통이었던 쑨원의 비서가 됐고, 1914년 일본에서 쑨원과 결혼했다. 쑨원과의 나이 차이가 무려 스물일곱 살이나 나 부모의 반대가 극심했다. 쑨원이 죽은 뒤 그녀는 국공합작을 위해 노력하다가 국민당과 공산당이 분열하자 1927년 모스크바로 떠났다. 1929년 귀국 후 국민당 중앙집행위원으로서 국민당 좌파 그룹에서 활동하면서 동생 쑹메이링宋美齡. 송미령의 남편이자 국민당 총수인 장제스와 대립했다. 항일전쟁 중에는 홍콩, 충칭에서 활약하면서 반파시스트 운동을 지원했다.

● 한국의 보건복지부

이런 공을 인정받아 중화인민공화국 부주석에 올랐다.

쑹칭링은 외국 친구들이 많았다. 노먼 베순, 에드거 스노 등도 모두 쑹칭링을 매개로 중국 공산당의 영원한 친구가 됐다. 특히 에드거 스노는 마오쩌둥이 이끄는 대장정을 최초로 서방 세계에 알린 책『중국의 붉은 별』을 썼다. 스노가 1936년 6월 시안에서 국민당군의 봉쇄를 뚫고 당시의 적도赤都*였던 바오안保安, 보안**에 들어가 마오쩌둥과 만날 수 있었던 것도 쑹칭링이 써준 소개장 덕택이었다. 스노는 바오안에서 4개월 동안 머물면서 혁명가로서의 생애를 회고하는 마오쩌둥과 그 동지들의 이야기를 듣고『중국의 붉은 별』을 펴냈다.

흥미로운 것은 스노의 아내 님 웨일스가 쓴『아리랑』의 주인공 김산도 1936년 8월 조선민족해방동맹과 조선공산당 대표로 바오안에 들어갔다는 사실이다. 김산은 책에서 "홍군 밀사가 만주군 출신 장쉐량의 동북군이 장악하고 있는 옌안延安, 연안까지 통과할 수 있도록 배려했고, 옌안에서 바오안까지는 산길을 숨어서 걸어갔다"라고 구술했다. 김산은 또 "내가 도착하기 몇 주 전에 에드거 스노가 소비에트 지구에 먼저 들어와 바오안에 있었지만, 나는 병으로 만나지 못했다. 서북 봉쇄선을 뚫고 지나간 외국인은 그 사람이 최초이고, 내가 그 다음이었다"라고 회상했다.

● 중화소비에트의 수도
●● 산시성 북단에 있는 촌락

장쉐량이 장제스를 감금한 시안사변 이후 홍군은 1936년 12월 옌안을 정복해 소비에트 수도를 바오안에서 옌안으로 옮겼다. 김산은 옌안의 항일군정대학에서 물리학, 수학, 일본어, 한국어 등을 가르치고 있었는데, 이 시기에 웨일스를 만났다. 웨일스는 불꽃같은 혁명가 김산에 매료돼 그의 삶을 2주간 밤낮없이 듣고 기록했다. 김산이라는 가명도 웨일스가 붙여 줬다. 웨일스는 옌안을 떠난 후 김산의 소식을 전혀 듣지 못하다가 1976년 문화대혁명이 끝나고 나서야 김산이 오래전에 죽었다는 사실을 알게 됐다. 웨일스가 옌안을 떠난 직후인 1938년에 김산이 '트로츠키주의자', '일본 스파이'라는 억울한 죄명으로 처형됐다는 것이었다. 중국공산당 중앙위원회는 1983년 1월 27일 "김산의 처형은 특수한 역사 상황에서 발생한 잘못된 조치였다. 그에게 덮어씌워졌던 불명예를 제거하고, 그가 지녔던 명예를 모두 그에게 되돌린다. 그의 당원 자격도 회복된다"라고 결정했다.

　　이제 쑹칭링 3자매 이야기를 해 보자. 쑹칭링과 그의 언니 쑹아이링宋靄齡, 송애령, 동생 쑹메이링은 중국 근대사를 주도한 여성 3걸이다. 쑹아이링은 중국의 전형적인 관료자본가였던 쿵샹시孔祥熙, 공상희의 부인이다. 산둥성 출신으로 공자의 후예인 쿵샹시는 쑨원의 혁명운동에 동참했으며, 장제스 정권에 돈줄을 대기도 했다. 국민당 난징정부의 공상부장(장관), 실업부장, 중앙은행 총재를 지냈다. 제2차 세계대전 때는 행정원 부원장, 재정부장, 중국은행 총재를 겸임했다.

중국 근대사를 흔들었던 '쑹 3자매'. 왼쪽부터 쑹칭링, 쑹아이링, 쑹메이링

쑹메이링은 언니 쑹칭링과 함께 미국 웨슬리대학을 졸업하고 1927년 장제스와 결혼했다. 1936년 시안 사건 때는 시안으로 들어가 장쉐량과 단독 면담을 한 끝에 남편 장제스를 석방시켰다. 쑹메이링은 애초 동북의 호걸이었던 장쉐량을 가슴에 품었는데, 장제스가 첫 번째 부인과 이혼한 뒤 끝없이 대시해 와 결국 넘어갔다고 한다.

'쑹 3자매'가 모두 근대 중국 역사에서 빼놓을 수 없는 유명 인물이 될 수 있었던 것은 아버지 쑹자수宋嘉樹, 송가수 덕택이다. 쑹자수는 쑨원의 친구이자 든든한 후원자였다. 어렸을 때 미국으로 건너간 쑹자수는 선교사로 활동하며 성경을 중국어로 번역해 큰돈을 벌었고, 이 돈으로 쑨원을 후원했다.

쑹자수는 1913년 쑹칭링을 데리고 일본에 머물고 있는 쑨원을 찾아갔다. 당시 언니 쑹아이링은 쑨원의 비서로 일했다. 쑹칭링을 본 쑨원은 "19년 전 너를 처음 봤을 때는 젖먹이 아기였는데 벌써 아가씨가 되었구나"라며 놀라워했다. 쿵샹시와 결혼을 앞두고 있었던 쑹아이링은 쑨원에게 동생을 비서로 추천했다. 쑹칭링은 쑨원의 비서로 일하면서 그를 사모하게 됐고, 쑨원 역시 쑹칭링에게 연모의 정을 느꼈다. 당시 쑨원은 47세, 쑹칭링은 20세였다.

상하이에서 살던 쑹자수가 둘의 연애 소식을 듣고 대노했다. 가족회의를 열고 당장 쑹칭링을 상하이로 불러들인 뒤 집 안에 가두어 버렸다. 쑹칭링의 하녀가 둘의 사랑을 애틋하게 여겨 몰래 서신을 교환하도록 도움을 줬다. 일본에 있는 쑨원의 집주인 아주머니도 둘의 사랑을 이어 주기로 결심했다. 집주인은 쑨원에게 무조건 신방부터 꾸미라고 했다. 쑨원은 본부인에게 이혼을 통보했다. 쑹칭링은 하녀의 도움으로 몰래 집을 빠져나와 일본으로 도망쳤다.

딸의 야반도주에 격분한 쑹자수도 일본으로 달려갔다. 쑨원 집에 도착한 쑹자수는 "딸을 훔쳐간 총리 놈 나와!"라고 고래고래 소리쳤지만, 쑨원은 태연하게 "무슨 일로 저를 찾아오셨습니까"라고 물었다. 쑹칭링은 "모든 건 제가 결정했어요. 아버지 화를 푸세요"라고 애원했다. 쑹자수는 일본 정부에 "자신의 딸은 아직 성년이 아니니 결혼을 무효로 해 달라"고 호소했으나, 일본 정부는 일본 법상으로는 아무 문제가 없는 결혼이라고 답했다. 쑹자수는 어쩔 수 없이 장롱과 비단 100필을 결혼 예물로 보냈다.

쑹칭링은 부모의 반대를 무릅쓰고 스물일곱 살 연상인 쑨원과 결혼했다.

쑹칭링과 쑨원이 결혼한 날은 1914년 10월 25일이다. 군벌의 반동으로 중화민국 수도인 난징이 함락되고 2차 혁명마저 실패로 돌아가 위안스카이가 황제 등극의 야욕을 한껏 뿜어내던 때였다. 일본에 망명 중이던 쑨원은 중화혁명당을 창당해 반격을 준비하고 있었다. 민족의 운명을 짊어진 지도자가 절체절명의 위기에서 재혼이라니. 그것도 온갖 반대와 비난이 쏟아진 재혼이었다. 근대 중국 지도자들의 연애사와 결혼사는 숨 가쁜 역사와는 어울리지 않게 파격적이고 낭만적인 경우가 많다.

결혼 이후 쑨원과 쑹칭링은 부부이자 동지로 살아갔다. 쑹칭링은 말년에 결혼 생활을 회상하며 "나는 아버지도 사랑했고, 쑨원도 사랑했다. 참으로 힘든 결정이었고, 부모님의 반대에 마음이 무척 아팠다"라고 말했다.

신사상의 아버지
베이징대 총장 차이위안페이

중국 최고의 황주黃酒로 꼽히는 소흥주의 본고장인 저장성 샤오싱紹興. 소흥은 예로부터 인재를 많이 배출했다. 중국이 낳은 가장 위대한 문학가로 칭송받는 루쉰(1881~1936)과 철학자이자 교육가인 차이위안페이(1868~1940)도 샤오싱이 낳은 인재다. 루쉰보다 열세 살 위인 차이위안페이는 1936년 루쉰이 세상을 떠나자 장례위원장을

말았다. "우리는 루쉰의 정신이 영원히 살아 있게 해야 한다. 선구
자가 남긴 피의 발자국을 밟고 역사의 탑을 쌓아 올려야 한다"라는
추도사도 차이위안페이가 썼다.

베이징에서 차이위안페이의 발자취를 가장 진하게 느낄 수 있
는 곳은 둥탕즈東堂子, 동당자 후통 75호다. 그가 살았던 이 집은 현재

차이위안페이는 베이징대를 신사상의 요람으로 만들었다.

아담한 기념관으로 변했다. 1917년부터 1923년까지 베이징대 총장을 지내던 시기에 머물렀던 집이다. 베이징대 학생들이 1919년 5.4 운동을 일으켰을 때에도 이곳에서 학생들과 대책회의를 했다. 고즈넉한 고택에 핀 목련 꽃이 일품이다. 한쪽 벽은 뻥 뚫려 있고, 다른 한쪽 벽에는 각양각색의 창문을 낸 전통 사합원 특유의 긴 복도도 아름답다. 복도 난간에 앉아 따스한 봄볕을 쬐는 맛이 쏠쏠하다. 사합원 내부에는 5.4 운동 당시 학생들과 머리를 맞댄 회의실과 그가 남긴 철학서, 교육서 등이 전시돼 있다.

차이위안페이는 광서 18년(1892)에 진사로 급제해 한림원 편수編修● 등을 지냈다. 광서 24년(1898) 무술변법이 실패하고 청 조정이 차이위안페이가 추앙했던 탄쓰퉁譚嗣同, 담사동을 죽이자 한림원을 떠나 샤오싱으로 낙향했다. 1907년에는 독일로 건너가 칸트 철학을 공부하다가 1911년 신해혁명이 일어나자 귀국했다. 쑨원(손문. 손중산)이 난징임시정부를 세웠을 때 교육부 장관이 됐다. 1916년 베이징대 총장이 된 그는 리다자오李大釗, 이대소, 천두슈陳獨秀, 진독수, 루쉰, 후스胡適. 호적, 저우쭤런周作人. 주작인●● 등 당대의 사상가들을 모조리 베이징대 교수로 초빙했다. 베이징대가 중국 근대사상의 요람으로 자리 잡은 데에는 차이위안페이의 인재 사랑이 큰 역할을 했다.

당시 베이징에 머물던 신채호, 이회영 선생도 베이징대에 드나

● 국사 편찬 사관
●● 루쉰의 친동생

들며 도서관장인 리다자오 등과 긴밀하게 교류했다. 베이징에 근거지를 두고 상하이 임시정부와는 결이 다른 무장독립투쟁을 주장한 두 선생은 신문화의 용광로 속에서 사상의 지평을 넓혀 갔다.

차이위안페이는 처음에는 봉건왕조를 타파하려는 신사상을 중시했지만, 학생들이 직접 정치투쟁에 참여하는 것은 반대했다. 그러나 1919년 제1차 세계대전 직후 패전국 독일 처리 문제를 논의하기 위해 열린 파리 평화회의를 기점으로 그의 생각은 전투적으로 변했다. 평화회의에 참가한 베이징 군벌정부 대표단이 독일이 산둥성에서 누렸던 이권을 일본에 할양하는 결정에 찬성하려고 하자 군벌과의 전쟁에 동참한 것이다. 그는 5월 3일 베이징대 학생대표들을 둥탕즈 후통으로 불러 모아 매국노들과 결연히 싸우라고 요구했다. 총장의 지지에 힘을 얻은 학생들은 5월 4일 아침 평화회의에 참가한 군벌 대표들의 집으로 몰려가 항의 시위를 시작한 뒤 톈안먼 광장까지 행진했다. 행진이 이어지면서 군중이 구름처럼 불어났다. 베이징의 시위는 톈진, 상하이, 난징, 우한으로 파급됐다. 탄압으로 일관하던 군벌정부는 결국 6월 28일 파리 평화회의 조인을 거부하는 것으로 시위대에 항복했다.

베이징대 총장직에서 물러났던 차이위안페이도 9월 12일 복직됐다. 교수와 학생 3,000여 명이 모여 그의 복직을 환영했다. 5.4운동이 항일, 반제, 사회주의 혁명의 출발점이 된 데에는 차이위안페이의 역할이 컸다.

차이위안페이 고거에서 나와 조금만 더 걸어가면 퉁탕즈 후통

49호가 나온다. 이곳은 1861년 세워진 총리아문總理衙門 건물이다. 총리아문은 청나라 말기에 외국과의 교섭을 담당한 관청이다. 각국의 사절단이 이곳에 모여 외교 활동을 벌였다. 1901년 청나라가 헌정실시를 선언하면서 총리아문은 외교부가 됐다. 둥탕즈 후통 남쪽 도로의 이름이 외교부가街로 불리는 이유도 이 때문이다.

옛 총리아문 건물은 현재 중국 공안부가 인민래방人民來訪 접대실로 쓰고 있다. 직역하면 찾아오는 인민들을 접대하는 장소라는 뜻이다. 하지만 이름처럼 친절한 기관이 아니다. 지방 관청이나 지역 관료들과 분쟁을 겪고 있는 전국 각지의 민원인들이 중앙정부에 하소연하려면 반드시 이곳에 들러 사건 접수를 해야 한다. 중앙

지방 인민들이 중앙정부에 억울함을 호소하는 민원을 접수하는 인민래방 접대실

정부에 사건을 조정해 달라고 민원을 제기하는 것을 상방上訪 또는 신방信訪이라고 한다. 상방을 위해 상경한 민원인들은 접대실의 공안(경찰)이 들어오라고 할 때까지는 하염없이 기다려야 한다.

후통에 쭈그리고 앉아 자신의 이름이 불리길 기다리는 상방객의 표정은 너나없이 어둡다. 지방정부는 이들을 늘 예의주시한다. 중앙정부가 민원을 받아들여 감찰에 나설 수 있기 때문이다. 이 때문에 지방정부가 미리 중앙정부와 협상해 민원인들에게 불리한 조치를 취하기도 한다. 더 이상 호소할 곳이 없어진 상방객들이 접대실 앞에서 분신하는 등 극단적인 선택을 하는 경우도 많아 경계가 삼엄하다.

루쉰 문학을 만나고 싶다면
좐타 후통으로

베이징 시청취 시쓰 지구에 있는 좐타塼塔, 전탑 후통은 베이징에서 가장 오래된 후통이다. 원대 초기부터 조성된 골목의 모습이 비교적 잘 보존돼 '후통의 뿌리'로 불린다. 기록으로 확인할 수 있는 최고最古 후통이고, 이름이 한 번도 바뀌지 않은 드문 후통이다. 베이징 후통 대부분은 원, 명, 청, 중화민국, 중화인민공화국을 거치며 이름이 여러 차례 바뀌었다. 특히 문화대혁명 시기에는 제 이름을 유지한 곳이 좐타 후통 말고는 거의 없을 정도였다. 이 후통이 생겨난 지는 약 800년이 지난 것으로 추정된다.

쭨타 후통이란 이름을 얻게 된 것은 원대 때 세워진 벽돌탑 때문이다. 이 탑은 금나라 말기와 원나라 초기에 걸쳐 생존했던 고승 만송노인萬松老人의 시신을 보관하기 위해 세워졌다. 만송노인은 원나라 개국공신 야율초재耶律楚材의 스승이기도 하다. 야율초재는 몽고족이 여진족이 세운 금나라를 무너뜨리고 원나라를 세우는 데 핵심적인 역할을 한 사람이다. 인류 역사상 가장 큰 제국인 원나라가 성립되고 빠르게 초석을 다질 수 있었던 바탕에는 야율초재의 지략과 용맹이 있었다. 원의 세조 쿠빌라이는 황제의 신분으로 야율초재와 함께 만송노인의 문하생이 돼 3년을 수학했다. 만송노인이 입적한 뒤 이곳에 탑을 세우고 그의 시신을 탑신에 넣었다. 쭨타 후통이란 이름도 이때 붙여졌다.

전탑은 역사적으로 수차례 훼손과 보수를 거쳤다. 전통 골목에 이런 고탑이 남아 있는 경우는 드물다. 탑만 덩그러니 있는 게 아니라 사합원 건물 안에 탑이 보존돼 있다. 사합원에는 정양서국正陽書局이라는 고서점이 있다. 정양이란 이름처럼 햇볕이 따뜻하게 내리쬔다. 책방 옆에는 그림을 그릴 수 있는 공간도 있다.

쭨타 후통이 유명해진 다른 이유는 이곳에서 대문호 루쉰이 살았기 때문이다. 1923년 7월 14일 루쉰은 동생 저우쮜런과 크게 싸웠다. 이날 밤 루쉰은 일기에 "오늘 밤부터 내 방에서 혼자 밥을 먹기 시작했다"라고 썼다. 저우쮜런 역시 유명한 작가였다. 형제는 불화의 원인에 대해 한 번도 입 밖에 내지 않았지만, 저우쮜런의 일

후통의 뿌리로 불리는 좐타 후통에 있는 원대 전탑

본인 아내가 사치가 심해 반목이 생겼다는 게 정설처럼 내려온다.

동생과의 불화를 참지 못한 루쉰은 1923년 8월 2일 노모와 아내를 데리고 빠다오완八道灣, 팔도만 후통에서 좐타 후통 84호로 이사를 왔다. 루쉰은 이곳에 머물면서 『축복』, 『행복한 가정』, 『비누』 등의 소설을 집필했다. 아쉬운 점은 84호 문패가 남아 있지 않아 처음 가는 사람들은 정확히 어떤 집이 루쉰의 고택이었는지 확인하기 어렵다는 것이다. 주민들에게 물어보니 서민 아파트로 쓰이는 86호 옆이 루쉰이 살았던 집이라고 가르쳐 줬다. 문패가 없는 이 집은 비교적 넓은 마당을 가진 전통 가옥이었다.

루쉰은 늘 근엄하고 심각한 표정이었지만, 옆집의 어린 자매들에겐 자상한 아저씨였다. 자매를 마당으로 불러 나무 장난감을 깎아 주기도 했다. 대륙의 칼바람이 부는 겨울철 베이징에선 과일이 매우 귀했다. 서민들은 과일 대신 무를 즐겨 먹었다. 밤이면 무 장수들이 "무가 배를 이겨요~(무가 배보다 맛있어요~) 무 사요~"라고 외치고 다녔다. 우리의 '찹쌀떡~ 메밀묵~' 같은 리듬이다. 자매들은 종종 루쉰에게 무를 사 달라고 했다. 자매는 무를 베어 물고 "무를 많이 먹으면 선생님처럼 글을 잘 쓰나요?"라고 물었고, 루쉰은 빙그레 웃었다. 루쉰의 시에는 "무정한 사람이 꼭 호걸은 아니네. 연민의 마음을 가졌다고 대장부가 아니라 할 수 있나無情未必眞豪杰, 憐子如何不丈夫"라는 구절이 있다. 봉건주의에서 깨어나지 못했던 중국인의 정신을 차갑게 꾸짖은 루쉰이었지만, 좐타 후통 84호에 살 때만큼은 연민과 동심이 가득했다.

동생과 크게 싸운 뒤 좐타 후통으로 이사 온 루쉰이 살았던 집

1924년 5월 25일 루쉰은 푸청먼阜成門, 부성문 근처 시싼티아오西
三條, 서삼조 후통 21호로 이사를 갔다. 좐타 후통에서 불과 1.6킬로
미터 떨어진 곳이다. 루쉰이 1927년 상하이로 떠나기 전까지 계속
여기 살았기 때문에 이 사합원이 지금은 공식적인 '루쉰 고거'이자
기념관이 됐다. 고택 안에는 루쉰이 직접 심은 라일락 두 그루가 운
치 있게 서 있다. 고택과 웅장한 루쉰 기념관은 나란히 붙어 있다.
평일에도 많은 관광객이 찾는 기념관에는 루쉰의 생애와 그의 작
품 세계를 찬찬히 훑어 볼 수 있는 자료들이 잘 정돈돼 있다.

루쉰은 저장성 샤오싱이 낳은 중국 최고의 문호이자 사상가다.
'루쉰魯迅'은 필명이고, 본명은 저우수런周樹人, 주수인이다. 1904년에
일본 센다이의학전문학교에 입학했지만, 강의 도중에 중국인 처

시싼티아오 후통에 있는 루쉰 고거 및 기념관 전경

형 장면을 보여 주는 영화가 상영되자 이에 분노한 나머지 자퇴했다. 쑨원의 난징 임시정부에서 교육부장관으로 일하던 차이위안페이가 루쉰을 찾아 교육부에서 일할 것을 부탁해 교육가가 됐다. 루쉰은 1918년 5월 천두슈가 발행하던 잡지 「신청년」에 첫 번째 단편소설 『광인일기』를 발표했다. 이 작품은 중국의 첫 백화문 소설이다. 1921년에는 대표작인 『아Q정전』을 연재했다. 소설의 주인공 아Q阿Q의 몽매한 인생을 통해 중국의 현실을 신랄하게 풍자했다.

베이징대와 베이징여자사범대 등에서 강의하면서 루쉰은 점점 혁명 투사가 되어 갔다. 1926년 3월 18일에는 학생 및 시민의 평화시위를 돤치루이 군벌정부가 무력 진압하면서 47명이 사망하고, 200여 명이 다친 3.18 사태가 벌어졌다. 이 사건으로 제자 수 명을 잃은 루쉰은 '민국 이래 가장 어두운 날'이라고 비판했다. 군벌정부가 대대적인 지식인 수배령을 내리자 루쉰은 여제자인 쉬광핑許廣平, 허광핑과 함께 베이징을 떠나 도피 생활에 들어갔다. 1927년 루쉰은 광저우에서 국민당 장제스 정권의 4.12 공산당 대학살을 목도하고 한층 더 분노한다. 그해 가을에는 쉬광핑과 함께 상하이로 거처를 옮겼는데, 17년이라는 나이 차에도 불구하고 둘은 서로 사랑하는 사이가 됐다. 하지만 루쉰은 일본 유학시절 어머니의 강권으로 결혼한 아내 주안朱安, 주안과 이혼하지 않은 상태였다. 이로 인해 루쉰은 상당한 비난을 감수하면서 쉬광핑과 새 살림을 차렸다. 쉬광핑은 루쉰 사후 유고집을 편찬하는 등 루쉰이 중국 문학의 기둥으로 자리 잡는 데 큰 역할을 했다.

상하이에서 루쉰은 창작보다는 논쟁과 강연에 몰두했으며, 마르크스주의자가 됐다. 1930년에는 중국좌익작가연맹에 가담해 다시 수배자 신세가 됐다. 1932년 동지인 양첸楊銓, 양전이 국민당의 백색테러로 사망하자, 암살 위협에도 불구하고 문상을 다녀왔다. 마침 그 자리에 있었던 한국 시인 이육사는 흠모하던 루쉰을 직접 만났다. 이육사는 루쉰이 55세의 나이로 사망하자 추모시를 지었다. 루쉰은 사망 한 달 전에 발표한 '죽음'이라는 글을 통해 "나에 대해서는 얼른 잊고 당신들이나 열심히 살아가라"라는 짧고 쿨한 유언을 남겼다.

노사차관의 차 향기,
책 향기

라오서老舍. 노사(1899~1966)는 루쉰과 함께 중국 현대문학을 대표하는 작가다. 중국 중고교 교과서에 등장하는 작품 상당수가 라오서와 루쉰의 것이다. 두 작가의 작품이 현대 중국인의 문학적 감성을 깊게 지배하고 있는 셈이다.

한국 관광객들이 베이징을 여행할 때 즐겨 찾는 지하철 첸먼역 근처 '노사차관'은 라오서를 기념하기 위해 지어진 찻집이자 공연장이다. 노사의 대표 화극인 〈차관茶館〉에서 따온 이름이다.

1957년 7월에 발표된 〈차관〉은 청나라 말기와 민국 초기, 그리고 항일 전쟁 승리 이후 등 세 역사 시기를 배경으로 조정의 부패와 제국주의의 침략, 군벌 혼전, 국민당의 부패로부터 고통받는 민중들의 삶을 그려 내고 있다. 정치가, 자본가, 상인, 농민, 경찰 등 차관을 출입하는 인간 군상을 잘 묘사했다. 〈차관〉은 1958년에 베이징 인민 예술극장에서 초연된 이래 지금까지도 계속 무대에 올려진다.

라오서는 1899년 베이징 빈민촌에서 태어났다. 1924년 여름, 라오서는 런던대학 동방학원의 중국어 강사 자격으로 상선을 타고 영국으로 떠났다. 동방학원에서의 연간 수입이 250파운드에 불과했으나, 베이징에 혼자 남아 있는 어머니에게 송금하고 남은 돈 대부분을 책 구입에 썼을 정도로 지독한 '책벌레'였다. 1930년 이국

생활을 청산하고 베이징으로 돌아온 그는 후제칭胡潔靑, 호계청과 결혼했다. 후제칭은 중국 대표 화가 치바이스의 제자다. 1936년 심혈을 기울여 쓴 『뤄퉈샹즈駱駝祥子, 낙타상자』는 라오서의 대표 소설로, 중국 현대문학의 걸작으로 꼽힌다. 지금도 세계적으로 번역돼 읽히고 있다. 『뤄퉈샹즈』는 베이징에 사는 가난한 인력거꾼 샹즈의 인생을 통해 서민들의 비참한 삶과 그들을 억압하는 권력의 부패와 횡포, 사회의 무질서를 그리고 있다. 1945년 미국에서 『릭쇼보이RickshawBoy』라는 제목으로 출판돼 베스트셀러가 됐다. 김첨지라는 인력거꾼이 등장하는 현진건의 『운수 좋은 날』과 모티브가 비슷해 자주 비교되는 작품이기도 하다.

1937년 일본의 중국 침략이 본격화한 7.7 사변 이후 라오서는 칭다오, 지난, 후한 등지를 옮겨 다니며 항일 문학 운동을 벌였다. 이사 때마다 수만 권에 이르는 장서를 가져갈 수 없어 지난의 치루齊魯, 제노대학에 맡겨 놓았다. 대학을 점령한 일본 군인들이 장서를 모두 훔쳐 갔을 때 라오서는 "책을 잃어버린 것을 아까워하지 않기로 했다. 우리의 정신과 문화만 유지한다면 언젠가 승리할 것"이라며 상심을 달랬다.

라오서는 항일전쟁 중 항전 의식을 고양하는 선전 활동을 많이 펼쳤고, 중화인민공화국 수립 후에는 희곡 창작에 매진했다. 〈차관〉도 이때(1957)에 나왔다.

하지만 1966년 시작된 문화대혁명의 광풍은 그를 비껴 가지 않았다. 그해 8월 23일 홍위병들에게 반당분자로 몰려 심하게 구타를 당하고 귀가한 라오서는 이튿날 새벽 수치심을 이기지 못한 채 자금성 근처 태평호에 몸을 던져 생을 마감했다. 라오서는 생전에 "나는 중국 문화계의 졸장부일 뿐이어서 대장부들의 큰 뜻을 알 수 없다. 다만 나는 붓을 총으로 삼았고, 내 피를 짜내는 심정으로 졸고를 썼다. 내가 죽으면 묘비에 '책임을 다한 문학계의 졸장부 여기 묻히다'라고 쓰였으면 좋겠다"라고 했다. 그는 문화대혁명의 광풍이 끝나고 나서 복권됐다. 그 스스로 졸장부라 칭했지만, 중국인들은 그를 대작가의 반열에 기꺼이 올려놓았다.

번화가 왕푸징 거리에서 가까운 펑푸 후통 19호는 라오서의 옛집이다. 지금은 라오서 기념관으로 꾸며져 있다. 한적한 사합원 건

중국 현대문학을 대표하는 작가 라오서의 옛집에는 관람객이 끊이지 않는다.

물에는 라오서의 작품과 그가 사용하던 필기구, 생활 용품 등이 정
갈하게 진열돼 있다. 네모난 뜰에는 라오서의 부인 후제칭이 심은
두 그루의 감나무가 있다. 가을이면 빨간 감이 주렁주렁 열려 이
집을 '단시소원丹柿小院'이라고 부른다. 1950년부터 비참하게 생을
마감할 때까지 라오서는 16년 동안 이 집에 살았다.

앞서 기술한 첸먼 근처의 노사차관에서는 정작 노사의 작품인
〈차관〉이 상영되지 않는다. 관광객들의 호기심을 자극하는 변검 공
연이 주로 무대에 올려진다. 중국 각지의 전통차 판매가 이뤄져 차
향기를 음미하며 공연을 볼 수 있지만, 노사 문학의 향기는 좀처럼
느낄 수 없다. 그래서 노사의 생애와 문학의 향기를 맡으려면 펑푸
후통 19호를 찾아야 한다.

장난꾸러기 국민 화가
치바이스

후통 여행 1번지 난뤄구샹에는 제법 유명한 인물들의 고거가 즐비
하지만, 이제는 대부분 개인 소유 민가로 변해 좀처럼 구경하기 힘
들다. 난뤄구샹에서 사합원 내부 구경 갈증을 풀 수 있는 가장 좋
은 곳이 바로 치바이스齊白石, 제백석(1864~1957)의 옛집이다.

난뤄구샹과 서쪽으로 잇닿은 8개 후통 가운데 3번째 후통인 위
얼雨兒, 우아 후통 13호가 치바이스가 살던 곳이다. 중화민국 시기 위

국민화가 치바이스의 그림은 세계 최고가에 거래된다.

얼 후통 11, 13, 15호는 하나로 연결된 대저택으로, 베이하이北海·북
해공원 이사장의 집이었다. 1949년 공산혁명으로 인한 신중국 성립
이후 중국 문화부가 13호를 사들여 차바이스에게 헌사했다. 치바
이스 기념관도 여기에 꾸며져 있다. 아담한 사합원이어서 난뤄구샹
의 시끌벅적함에서 잠시 몸을 피하려면 이곳만큼 좋은 곳도 없다.

긴 턱수염을 휘날리는 치바이스를 형상화한 동상이 마당에 서
있고, 양옆으로는 치바이스가 남긴 작품들이 전시돼 있다. 특히 치
바이스가 즐겨 그린 새우 그림이 당장 액자를 뚫고 나올 정도로 생
동감 있어 눈길을 끈다.

중국 근대미술의 아버지, '중국의 피카소'로 불리는 치바이스는 중국 후난성 샹탄현에서 가난한 농부의 아들로 태어났다. 어린 시절에는 목수 일을 하며 생계를 유지했다. 독학으로 미술을 배운 치바이스는 시詩·서書·화畵·각刻에 모두 탁월한 재능을 보이며 해당 분야에서 모두 당대 최고의 경지에 올랐다. 새우, 병아리, 개구리, 꽃, 곤충, 배추 등 일상에서 흔히 볼 수 있는 친근한 소재를 즐겨 그렸다.

치바이스 생전에는 그의 그림이 그다지 높은 가격에 팔리지 않았다. 사후에 재평가되면서 가격이 천정부지로 치솟았다. 2017년 12월에는 그가 그린 열두 폭 산수화가 9억 3,150만 위안(약 1,530억 원)에 낙찰돼, 중국 미술품 경매 사상 최고 기록을 갈아치웠다. 종전 기록은 2010년 런던에서 4,300만 파운드(약 780억 원)에 낙찰된 청대 자기였다. 열두 폭 산수화는 치바이스가 1925년에 그렸다. 높이 180센티미터, 너비 47센티미터짜리 폭마다 각기 다른 12개 풍경을 담았다. 치바이스가 1924년 중국 전역을 여행하면서 만난 산수와 고향 후난에 대한 그리움, 목가적 삶에 대한 열망을 담았다.

치바이스의 그림이 고가에 팔리는 것은 전 세계 예술 경매 시장을 부유한 중국인들이 싹쓸이하는 것과 무관하지 않다. 중국의 미술 애호가들은 자국의 귀중품이 경매에 나오면 서로 경쟁적으로 가격을 올린다. 벼락부자가 된 중국 거부들이 자기 나라 예술가의 몸값도 올리고 있는 셈이다.

치바이스의 성품은 작품과 비슷해 소탈하고 위트가 있었다. 새우 그림은 새우 마릿수에 따라 값을 매기기도 했다. 하루는 한 고객이 새우를 한 마리 더 그려 넣어 달라고 떼를 썼다. 치바이스는 억지로 새우 한 마리를 더 그렸는데, 영 생기가 없었다. 손님이 이유를 물으니 치바이는 "새우가 죽었다"라고 말했다. 제값을 받지 못한 분풀이로 죽은 새우를 그린 것이다.

병아리는 한 마리에 1위안씩 받고 그려 줬다. 어떤 손님은 4위안을 주고 5마리를 그려 달라고 우겼다. 치바이스는 덤으로 그리는 병아리 한 마리는 나무 뒤에 숨어서 반쪽만 보이도록 했다. 병아리 그림 값을 제대로 받고 싶은 마음에 심술을 부린 것인데, 그 때문에 나무 한 그루를 더 그려야 했다.

간식 거리에서 만난
전설의 경극배우 메이란팡

중국의 전통 먹거리 집 간판을 보면 종종 녹색 간판에 후궈쓰護國寺. 호국사라고 쓰여 있는 걸 볼 수 있다. 우리의 '아딸 떡볶이'처럼 일종의 간식 프랜차이즈 업체인데, 후궈쓰라는 명칭은 베이징 중심가의 더셩먼德勝門, 덕승문 주변에는 있는 후궈쓰제護國寺街. 호국사가라는 후퉁에서 따왔다. 600미터에 이르는 이 골목의 역사는 700년 정도 됐다. 원나라 때 창건된 호국사라는 절에서 지명이 유래됐다. 베이징 8대 사찰 중 하나인 호국사는 명나라와 청나라 때도 매우 큰 절

전통 먹거리 골목 후궈쓰제에 있는 대표 간식 가게

이었다. 특히 호국사 주변에서 펼쳐지던 먀오후이廟會, 묘회는 전국 각지의 묘회 중 가장 시끌벅적했다.

중국에서 묘회는 많은 사람이 참배하는 제례祭禮를 의미하지만, 제례에 부수적으로 열리는 먹거리 시장과 다양한 오락 행사까지 통칭한다. 춘제春節, 춘절 때 중국을 여행하면 도심 곳곳에서 묘회가 펼쳐지는 모습을 구경할 수 있다. 전통 놀이와 음식이 어우러진 동네 축제라고 보면 된다.

전국 최대 묘회의 영향으로 후궈쓰제는 베이징에서 가장 유명한 먹거리 골목이 됐다. 샤오룽바오, 만두, 각종 면 요리, 양꼬치, 전병, 과자, 두부 요리, 꽈배기 튀김 등 중국 전통 음식을 맛보려면 단연 후궈쓰제 거리가 제격이다. 중국 속담에 '7대에 걸쳐 먹는 것을 익히고, 8대에 걸쳐 입는 것을 배운다'라는 말이 있다. 그만큼 음식과 옷차림을 중시한다는 뜻인데, 이 속담에 잘 어울리는 곳이 바로 후궈쓰제다. 이곳에 있는 후궈쓰샤오츠디앤護國寺小吃店, 호국사소흘점, 허이자이合義齊, 합의재 등은 100년 전통을 자랑하는 맛집이다. 후궈쓰제는 다자란, 류리창과 함께 베이징 시정부가 정책적으로 꾸민 3대 전통 거리이기도 하다.

음식점과 더불어 표구점, 작은 호텔 등이 늘어선 후궈쓰제에는 인민극장이라는 큰 공연장이 있다. 과거 베이징을 대표하던 극장으로, 대형 경극이 열리곤 했다. 지금은 중국 영화·드라마 촬영 센터로 바뀌었다.

인민극장이 이 골목에 들어선 것은 중국 경극의 대표 배우였던 메이란팡梅蘭芳, 매란방(1894~1961)이 여기 살았기 때문이다. 그가 살던 후궈쓰제 9호는 지금 메이란팡 기념관이 됐다. 1961년 메이란방이 사망하자 저우언라이 총리가 직접 기념관으로 꾸몄다. 앞서 살펴본 장스자오와 쑹칭링처럼 메이란팡도 저우언라이 덕택에 베이징에서 터를 잡고 살 수 있었다. 만일 저우언라이의 적극적인 개입이 없었다면 이들 고택도 대부분 민간인 소유가 됐을 것이다. 사회주의 혁명에 공을 세운 각계 인사들이 살 집까지 일일이 챙겼던 저우언라이 총리의 꼼꼼함 때문에 현대 중국인들은 여전히 역사와 문화의 향기를 곳곳에서 누리는 셈이다.

메이란팡 기념관은 전통 사합원 건물로 경극의 정취를 한껏 맛

후궈쓰제에 있는 메이란팡 기념관

볼 수 있다. 사합원에 걸린 '매란방기념관梅蘭芳記念館'이란 휘호는 덩샤오핑이 썼다. 메이란팡이 출연했던 경극 영상과 그가 입었던 경극 복장, 경극과 관련된 다양한 자료가 잘 전시돼 있어 중국 경극을 이해하는 데 도움이 된다. 메이란팡은 중국인들이 가장 좋아하는 경극 배우로 그가 추구한 작품 세계를 따르는 이들이 많아 매파梅派라는 분파가 따로 형성되기도 했다.

목소리와 외모가 여성보다 더 아름다운 남성이었던 메이란팡은 유약해 보이는 외모와는 달리 기개가 굳셌다. 1937년 상하이를 점령한 일본군은 중국인들의 반발을 누그러뜨리고자 당대 최고의 인기 배우 메이란팡을 TV와 경극무대에 출연시켜 일본과 중국의 우의를 강조하는 선전 활동을 펼치려고 했다. 그러나 메이란팡은 일본의 요구를 다 뿌리치고 한밤중에 몰래 홍콩으로 건너갔다. 홍콩에서 두문불출한 채 태극권, 배드민턴, 그림 그리기 등으로 소일했을 뿐 일절 경극에 출연하지 않았다.

메이란팡은
여성보다 더 아름다운
최고의 경극배우였다.

1941년 일본은 홍콩마저 접수했다. 일본사령관이 집요하게 경극 출연을 요구하자 메이란팡은 아예 수염을 길렀다. 여성 역할을 전담하는 그가 수염을 기른 것은 은퇴를 의미했다. 일본사령관이 수염을 기른 이유를 묻자 메이란팡은 "이제 나이가 들어 얼굴 화장이 잘 먹지 않고 가늘고 높은 목소리도 제대로 나오지 않는다"라고 둘러댔다. 무대에 오르지 않아 생계가 막막해졌지만, 가구와 그림을 팔아 근근이 생을 이어갔을 뿐 끝까지 일제에 협력하지 않았다.

제 5 장

✕

만주족 제국의
부귀와 쇠락

✕

청나라 역사의
절반이 서린 곳 궁왕푸

베이징에서 풍광이 가장 수려한 곳 중 하나인 스차하이를 직역하면 '10개의 절이 있는 바다'라는 뜻이다. 대륙 한복판에 있는 베이징에 바다가 있을 리 없는 데 왜 이런 이름이 붙었을까? 워낙 과장을 좋아하는 중국인들이라, 호수를 바다로 '뻥'튀겼다고 오해할 수 있지만, 원나라 때부터 해海는 바다뿐만 아니라 넓은 호수를 뜻하는 한자였다. 자금성 바로 왼쪽에 있는 호수인 중하이中海, 중해와 난하이南海, 남해에도 '海'가 들어가고, 중하이 위쪽에서 경산공원과 맞닿아 있는 베이하이北海, 북해에도 '海'가 들어간다.

자금성 주변에 있는 '海' 자가 들어간 호수를 나열해 보면, 톈안먼 광장에서 시작해 북쪽으로 차례로 난하이, 중하이, 베이하이, 스차하이 순이다. 스차하이는 다시 서쪽 시하이西海, 서해와 남쪽 첸하이前海, 전해, 북쪽 허우하이后海, 후해로 나뉜다. 베이하이와 스차하이는 각각 공원으로 조성돼 베이징 관광의 필수 코스다. 그러나 중하이와 난하이는 공원으로 조성되지 않았으며, 일반인이 절대 출입할 수 없는 곳이다. 두 지역을 합친 명칭 '중난하이(중남해)'에 바로 국가주석과 총리 등 중국 최고 지도자들이 집단 거주하고 있기 때문이다.

톈안먼 광장과 자금성 사이를 동서로 가로지르는 창안제長安街, 장안가는 서울의 세종대로처럼 국가의 상징적인 거리다. 그런데 드넓은 창안제에는 신호등이 전혀 없다. 신호등이 없으니 차량이 멈출 일이 없다. 차량 흐름도 늘 빠르다. 베이징의 모든 도로가 막혀도 창안제는 항상 시속 50킬로미터 이상의 속도를 유지한다. 중국 당국이 이처럼 창안제의 교통 흐름을 늘 빠르게 유지시키는 것은 창안제 옆에 있는 중난하이 경비를 위해서다.

필자는 베이징 주재 특파원으로 일하며 외교 회담 취재차 중난하이에 들어갈 수 있는 기회를 몇 번 가졌다. 각국의 기자들을 버스 한 대에 모두 싣고 중국 외교부 직원이 통솔해 들어가는데, 중난하이 지구 정문에 진입하기 전까지 도로 곳곳에서 3~4차례 보안 점검을 받고, 정문에 진입한 뒤에도 다시 수차례 점검을 받아야 한다. 회담이 열리는 고풍스런 건물에 도착해서도 하차 지시가 있을 때까지 버스 안에서 대기해야 하며, 버스창의 커튼은 모두 내려져 있어 밖을 내다보기 힘들다. 커튼 사이로 살짝 보이는 창밖 풍경은 그야말로 별천지였다. 아름드리나무 사이로 다람쥐가 뛰어다니고, 호수에는 수많은 물새들이 유유히 노닐고 있었다. 누구의

자제인지 모르나 10대쯤으로 보이는 학생이 애견과 호숫가를 달리는 모습도 언뜻 보였다.

현직 지도자들이 모여 사는 중난하이만큼은 아니어도 스차하이 주변에도 권력의 기운이 강하게 느껴진다. 저택의 대문이 굳게 닫혀 있어 집 안 내부가 얼마나 으리으리한지는 알 길이 없다. 예전부터 이곳은 황족들이 모여 살던 명당이었다. 중국 공산당의 무장투쟁을 이끈 10대 원수 중 4명이 이곳에 살았다고 한다. 지금도 혁명원로의 자제들이 많이 살아 중국 권력의 핵심부로 꼽힌다.

중국 역사학자들은 자금성을 중심으로 동쪽에 있는 난뤄구샹 후통 밀집 구역을 '부富'라고 표현하고 자금성 서쪽의 스차하이 주변 후통들을 '귀貴'로 표현한다. 베이징 후통을 '동부서귀東富西貴'로 나누는 것도 이 때문이다. 동쪽에는 부자들이 많이 살았고, 서쪽에는 권력가들이 많이 살았다는 뜻인데, 스차하이 주변을 걸으면 이 말을 실감할 수 있다.

궁왕푸恭王府. 공왕부는 스차하이 주변이 권력의 거리임을 잘 보여준다. 왕푸는 황제의 형제들이 살았던 저택을 뜻한다. 궁왕푸는 청대에서 규모가 가장 컸던 왕푸이며, 현존하는 왕푸 가운데 보존이 가장 잘돼 있다. 조선의 왕궁이었던 경복궁과 비슷한 규모다. 수십 채의 건물을 이어 거대한 'ㄷ' 자형 왕궁을 이뤘다. 넓고 깊은 연못과 검은 대나무 숲, 온갖 꽃이 만개한 정원을 다 돌아다니려면 3시간 이상 걸린다.

애초 이 왕푸의 주인은 청대 최악의 간신이자 탐관인 허션이었

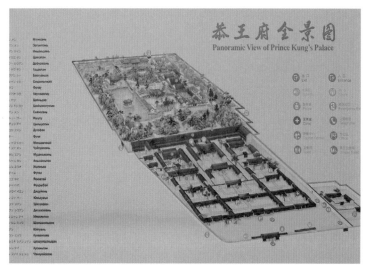

청대 왕푸 가운데 규모가 가장 크고 잘 보존된 궁왕푸 전경도

다. 허션은 건륭제의 총애를 발판 삼아 극단적으로 권력과 부를 축적한 인물이다. 건륭제 사후 그는 즉각 처형됐고, 전 재산은 몰수됐다. 몰수된 재산이 황실 재산과 맞먹었다고 한다.

건륭 41년(1776) 허션은 이곳에 초호화 저택을 짓고 자신의 성을 따 허띠和第, 화제라고 명명했다. 중국어에서 '第'는 '府'와 같은 뜻으로 황족의 저택을 나타낸다. 신하에 불과한 허션이 스스로를 황족이라 생각할 정도로 권세가 대단했던 것이다. 건륭제의 통치 기간은 청대 역사상 가장 긴 63년이었다. 조부 강희제의 재위 기간인 61년을 넘지 않으려고 재위 60년 만에 퇴위하고 태상황제가 됐으나, 태상황제 기간 3년도 사실상 건륭제의 통치 기간이었다. 허션

역시 건륭제 옆에서 이 긴 세월의 대부분을 함께 지내며 권력과 부를 쌓았다.

오래 권력을 누린 건륭제가 1799년 사망했다. 뒤를 이어 황제가 된 가경제는 아버지 사망 다음날 바로 허션을 체포하고 모든 관직을 박탈하는 한편 전 재산을 몰수했다. 10일 뒤에는 옥중에 있는 허션에게 사약을 내렸다. 그리고 허띠의 서쪽 반을 떼어 자신의 친동생인 경희친왕 영린에게 줬다. 이로 인해 허션의 저택은 황제의 동생이 사는 왕푸가 됐고, 공식 명칭은 칭慶, 경왕푸로 불렸다. 가경제는 나머지 동쪽 반을 여동생인 화효공주에게 줬다. 화효공주는 허션의 며느리이기도 했다.

가경제는 허션의 9족을 전부 멸하고 싶었으나 허션의 며느리가 된 여동생과 그 남편까지 죽일 수는 없었다. 화효공주는 건륭제가 10명의 딸 가운데 가장 총애하는 공주였다. 허션은 건륭제가 사망하면 자신은 물론 자식들까지 모두 주살될 것을 우려해 미리 아들을 화효공주에게 장가보낼 정도로 주도면밀했다.

가경제를 이은 도광제 3년(1823) 경희친왕과 화효공주가 모두 세상을 떠나면서 이 저택은 왕푸의 지위를 잃었다. 도광제의 4번째 아들인 함풍제가 황제에 오른 이후 함풍제는 이곳을 자신의 동생인 공친왕恭親王 혁흔奕訢에게 주었다. 그래서 저택은 다시 왕푸의 지위를 회복했고, 공식 명칭은 궁恭, 공왕푸가 돼 지금까지 이어지고 있다.

공친왕 혁흔은 중국 근대사에서 빼놓을 수 없는 인물이다. 도광

제는 4번째 아들 혁저°와 6번째 아들 혁흔 중 누굴 후계자로 삼을
지 끝까지 고민했다. 신하들 중에는 혁흔을 지지하는 이들이 훨씬
많았다. 혁흔은 어려서부터 매우 총명했고, 정치적 감각이 뛰어났
을 뿐만 아니라 꿈이 컸다. 리더십도 강해 그를 따르는 신하가 많
았다. 그러나 도광제는 출중한 혁흔 대신 무난한 혁저를 택했다. 혁
흔은 혁저 재위 기간 내내 말없이 형을 도왔다. 정치적 야망을 드
러내면 죽는다는 걸 너무나 잘 알고 있었다.

함풍제 혁저는 30세의 젊은 나이에 북방 별궁이 있는 열하에서
갑자기 사망했다. 이 때문에 함풍제의 아들 동치제는 겨우 다섯 살
에 황제에 올라야 했다. 조카가 어린 나이에 황제에 오르자 혁흔은
황실을 찬탈하려는 숙순 등 8대 간신들의 음모를 막고 황실을 지
키기 위해 형수인 자희태후(서태후)와 손을 잡았다. 동치제의 생모인
서태후는 혁흔의 도움으로 숙순 등을 제거하고 수렴청정에 나설
수 있었다.

그러나 서태후와 혁흔의 노선은 사뭇 달랐다. 서태후는 매우 보
수적인 반면 혁흔은 근대화 개혁을 주장했다. 중국 최초의 근대화
운동인 양무운동을 일으킨 장본인이 바로 혁흔이다. 그러나 혁흔
이 서태후와의 권력 투쟁에서 패하고 황실의 총체적 무능과 관료
들의 부패가 겹쳐 중국은 끝내 근대화의 길로 들어서지 못했다. 개
혁에 실패한 혁흔도 정치 모략가 이상의 평가를 받지 못했다.

● 이후 함풍제가 됨

1911년 신해혁명으로 봉건왕조가 붕괴된 이후에도 민국정부는 황실우대 정책을 유지했다. 이에 따라 공친왕 혁흔의 아들과 손자까지 궁왕푸에 계속 살 수 있었다. 그러나 손자 푸웨이에 이르러서는 황실의 가산이 거의 기울었다. 푸웨이는 생계가 곤란해지자 궁황푸를 서양 교회에 헐값에 팔았다. 이후 푸런대학이 다시 사들여 여학생 전용 학당으로 사용했다. 중화인민공화국 수립 이후에는 공안부, 송풍기 공장, 음악학원 등 다양한 기관과 회사가 입주해 분할 사용했다. 문화대혁명 시절에는 공조기 제조회사가 동쪽 절반을 작업장으로 썼고, 유치원이 서쪽 절반을 썼다. 공장과 유치원으로 사용되는 과정에서 수많은 문화재가 점차 소실됐다. 1980년대 들어서야 비로소 중국 정부는 궁왕푸를 보호해야 할 '중점문화재'로 선정하고 복원에 나섰다. 복원작업이 끝난 1996년부터 입장료를 받고 관광객에게 개방하기 시작했다.

궁왕푸의 면적은 무려 6만 제곱미터에 이른다. 모두 30여 개의 으리으리한 건축물이 삼삼오오 군을 이루고 있다. 왕푸로 쓰였던 건물군만 따져도 남북 길이가 330미터, 동서 너비가 180미터에 이르며, 방은 108칸에 달한다. 건물 사이사이에 동산을 쌓는가 하면 정원을 꾸며 놓기도 했다. 황제가 머물던 자금성과 비교해도 손색이 없을 정도로 아름답고 정교하다. 화려하고 웅장한 공간이 있는가 하면 아담하고 조용한 사적인 공간도 있다. 좌우 건물들이 서로 대칭을 잘 이루는 것 같으면서도 자세히 보면 각자 개성이 살아 있는 비대칭 형식이다.

궁왕푸에 있는 승관발재 복도. 이 복도를 걸으면 승진운과 재물복이 터진다고 한다.

궁왕푸에서 가장 높은 동산은 왕푸 내부를 가로지르는 동굴 끝에 있다. 동굴을 빠져나오면 인공 바위처럼 보이는 기괴한 암석이 어우러져 있는데, 그 꼭대기에 올라가면 궁왕푸를 조망할 수 있다. 동굴 중간쯤에는 건륭제가 허선의 아들과 결혼한 화효공주에게 행복을 기원하는 뜻에서 써준 '복福' 자가 새겨진 거대한 바위가 있다. 가경제는 허선의 저택과 재산을 몰수하면서 이 바위를 자금성으로 가져오려고 했으나, 바위를 움직이면 동굴이 무너질 수 있다는 주변의 권고로 포기했다. 황제가 하사한 '복' 바위를 대대손손 자기 집에 두려고 한 허선의 집요함이 가경제를 이긴 것이다. 이 영향 때문인지 궁왕푸 곳곳에는 복자가 새겨진 구조물과 화단이 많다.

후대에게 '탐관왕'이라는 불명예스러운 별명을 얻은 허선은 건

릉제 초기였던 1750년 만주 귀족의 아들로 태어났다. 생모가 일찍 죽은 데다 계모의 괴롭힘이 심해 어렸을 때 동생을 데리고 집에서 나와 살았다. 불우한 환경 속에서도 포기하지 않고 관학에 들어가 공부해 관직에 나갔고, 18세에 정2품 대신의 손녀와 결혼해 일생일대의 기회를 잡았다. 20세에는 고조부의 관직을 세습하는 행운도 얻었다. 특히 22세에 정5품으로 승진하면서 황제가 순찰 나갈 때마다 호위하는 3등 시위侍衛를 맡아 황제를 자주 볼 수 있는 기회를 얻었다. 임기응변에 능했던 허션은 황제가 원하는 답만 골라 말하는 재주가 있었다. 황제는 그를 총애하지 않을 수 없었다.

특히 국고 사용에 제한을 받던 황제를 위해 부단히 매관매직을 해 자금을 끌어모아 황제에게 상납했다. 어느 날 건륭제는 무관들의 환심을 사기 위해 군사들의 녹봉을 대폭 올리는 계획을 수립하였으나, 모든 문관들이 반대했다. 이때 허션은 건륭제를 위해 무관 편에 섰고 끝내 무관들의 녹봉을 인상했다. 건륭제는 점점 허션에게만 의지하는 황제가 됐다. 허션은 건륭제의 신뢰를 이용해 마음 껏 부를 축적했다. 궁왕푸의 주요 건물인 석진재錫晉齋에는 녹나무로 정교하게 조각한 창문이 있다. 건륭제 사후 가경제가 허션에게 20가지 죄목으로 관직을 박탈하고 자산을 몰수할 때 13번째 죄목이 바로 이 녹나무 창문과 석진재였을 정도로 허션은 황제에 버금가는 사치를 누렸다. 허션이 날마다 복용했다는 영약靈藥은 한 알에 은화 1만 냥이었다. 허션의 재산이 얼마나 됐는지 지금 가늠할 길은 없다. 다만 기록에 따르면 몰수 당시 벽장 금고에 숨겨진 금

궁왕푸의 중심 건축물 은안전. 입구를 통과해 일궁문과 이궁문을 지나면 나온다.

화만 3만 2,000량, 땅굴에서 파낸 은화는 300만 량에 달했다고 한다. 토지 2,600만평, 집 1,000여 채를 몰수한 기록도 있다.

황제를 농락한 탐관 허션이 황실처럼 꾸몄고, 이후 황제의 친족들이 서로 물려받으며 살았던 궁왕푸. 역사가들은 이곳을 '청조 역사 절반이 서린 곳'이라고 말한다.

변법자강의 발원지
미스 후퉁

베이징의 대표 번화가이자 관광 골목인 다자란과 류리창 근처 후통에는 유독 시장을 뜻하는 스市, 시 자가 붙은 곳이 많다. 동서로 뻗은 다자란의 동쪽 끝에 붙어 남북으로 난 메이스제煤市街, 매시가는 석탄 등 광물이 거래되던 거리이며, 다자란과 나란히 동서로 뻗은 거리인 주스커우시다제株市口西大街, 주시구서대가는 땔감 시장이 서던 자리다. 주스커우시다제와 붙어 다시 서쪽으로 시원하게 뻗어 있는 뤄마스다제驟馬市大街, 라마시대가는 노새驟와 말이 거래되던 곳이다. 뤄마스다제 서쪽 끝에서 남쪽으로 내달리는 차이스커우다제菜市口大街, 채시구대가는 채소 시장이었다. 차이스커우다제와 평행하게 나 있는 후통인 미스米市, 미시 후통은 당연하게도 쌀 시장이 있었던 골목이다.

지하철 4호선과 7호선이 겹치는 환승역인 차이스커우역에서 내리자 지하철 역사 너머로 재개발을 위해 옛집을 모두 허물고 건물 잔해를 파란색 그물로 씌워 놓은 넓은 공터가 보였다. 이곳이 바로 미스 후통이 있었던 자리다. 재개발의 광풍으로 전통 후통이 차례로 사라져 가고 있는 가운데 유서 깊은 후통 하나가 또다시 통째로 사라진 것이다. 더 안타까운 것은 후통에 박혀 있던 역사도 통째로 뽑혀 나갔다는 사실이다.

미스 후통은 구한말 김옥균의 갑신정변과 비슷한 중국의 근대화 개혁 운동인 '유신변법維新變法'을 주창한 청대 말기 개화파 지식인 캉유웨이康有爲, 강유위(1858~1927)의 고택이 있어 '유신운동의 발원지'라고 불리던 곳이다. 캉유웨이뿐만 아니라 많은 역사적 인물들이 살았던 곳인데, 후통 재개발과 함께 이 인물들의 흔적도 대부분

사라졌다. 세상에서 가장 정확하다는 바이두 지도 검색으로 해당 고택들의 좌표를 찍고 찾아가도 고택들이 이미 다 사라져 대체 어느 지점에 있었는지 알 길이 없다.

불행 중 다행이라면 필자가 찾은 2018년 4월에는 캉유웨이의 고택이 아직 위태롭게 남아 있었다는 것이다. 당시 후통 주변은 높다란 철제 가림막이 철거 현장을 두르고 있었다. 출입금지 경고문이 붙어 있었지만, 필자는 혹시나 하는 마음에 개구멍으로 철거 현장으로 들어갔다. 반파된 상태로 남아 있는 건물 두 동이 있었다.

하나는 동서양 양식이 어우러진 아주 고풍스러운 2층 건물이었다. 가까이 가서 보니 건물 벽에 미스 후통 29호라고 적혀 있었다. 기록을 찾아보니 이 건물은 오리구이 전문점 '피앤이팡便宜坊, 편의방

재개발로 유서 깊은 미스 후통 전체가 사라진 가운데, 피앤이팡 카오야 옛 본점이 위태롭게 서 있다.

카오야(烤鴨)'의 옛 본점이었다. 피앤이팡 카오야는 '베이징 카오야(베이징덕)'와 쌍벽을 이루는 북방 전통 오리구이 전문점으로, 100년 이상 된 역사를 자랑한다. 미스 후통 29호는 피앤이팡 카오야 가게 중 가장 오래된 영업점으로, 명나라 때부터 이곳에서 오리고기를 팔았다는 전설 같은 이야기가 내려오고 있다.

29호에서 조금 떨어진 곳에는 다 쓰러져 가는 건물이 한 채 있었다. 철거 현장을 나와 이웃 주민들에게 물어보니 그곳이 바로 43호로 캉유웨이의 고거라고 알려 줬다. 43호는 29호보다 더 흉물스럽게 변해 있었다. 한 주민은 "캉유웨이 고거가 보존될지 아예 헐릴지는 모르겠다"라면서 "위험하니 다시는 담장 안으로 들어가지 말라" 하고 훈계했다. 29호는 비교적 제 모습을 간직한 상태여서

변법자강운동 창시자인 캉유웨이 고택이 반파된 채 흉물스럽게 남아 있다.

피앤이팡 카오야가 회사 차원에서 보존할 가능성이 있어 보이지만, 반파된 43호는 보존 가망이 영 없어 보였다. 비록 캉유웨이가 말년을 보낸 산둥성에 그의 기념관이 있다고는 하지만, 유신변법이 펼쳐졌던 역사적 현장이 사라지는 게 안타까웠다.

캉유웨이는 43호에 살면서 광서제에게 유신변법 시행을 요청하고 이를 받아들이게 함으로써 중국 근대사에 큰 획을 그었다. 광서제의 유신변법 공포로 청 조정은 광서제를 따르는 유신파와 서태후를 따르는 보수파로 나뉘었다. 그러나 광서제의 근대화 야망은 보수파의 쿠데타로 좌절됐다. 유신변법이 실패로 돌아가는 바람에 청은 자체 근대화의 동력을 잃었고 서양 제국주의의 제물이 됐다. 사료적 가치로 따지면 역사의 한 페이지를 장식한 캉유웨이 고택을 당연히 보존할 법하다. 하지만 승리한 공산주의 역사만 기록하는 중국 공산당의 '역사 대접'과 자본의 개발 논리에 따라 모든 유적을 순식간에 밀어 버리는 중국의 시장만능주의를 생각하면 이렇게 속절없이 파괴되는 것도 이해 못 할 바는 아니다.

특히나 이전 후진타오 주석 집권 때에는 캉유웨이와 같은 근대 개화파 지식인 재조명 작업이 제법 활발했지만, 시진핑 주석이 집권한 이후에는 공산당 역사만 강조하는 경향을 띠고 있다. 리다자오와 천두슈 고택 비교에서 살펴봤듯이 초기 공산당 지도자들이라도 나중에 사상을 바꾸었거나 권력 싸움에서 패배한 이들은 변변한 기념관조차 갖지 못하게 하는 게 지금 중국 공산당의 역사 정책 방향이다. 반파된 강유웨이 고택이 완전히 사라지면 아마 필자가 찍어 놓은 사진이 마지막 모습일 수도 있다.

변법자강 운동이 시작된 곳인 미스 후통의 유래를 좀 더 살펴보자. 명나라 때부터 이곳에서 쌀을 비롯한 곡식이 거래되면서 미스 후통이라는 명칭이 붙었다. 또한 이곳에는 지방에서 향시鄕試에 합격한 뒤 중앙으로 과거를 치르러 온 선비들이 많이 모여 공부했다. 거인擧人으로 불리는 향시 합격자들이 중앙의 과거에 합격하면 진사가 되고, 진사 중 1~3등을 차지한 3명이 황제 앞에서 전시라는 진검승부를 치렀다. 각 지역의 거인들이 미스 후통에 모이면서 지역 회관들도 많이 생겼다. 이곳에서 유신변법이라는 새로운 근대 사상이 싹을 틔울 수 있었던 것도 각지에서 몰려든 선비들의 학구열 때문이다. 학자들이 모인 골목답게 청 말에는 20개가 넘는 초창기 신문사가 이곳에 똬리를 틀고 다양한 소식과 담론을 분출했다.

미스 후통 곳곳에 세워진 각 지역 회관들은 지역 대표부 역할을 했다. 회관 건물은 주로 그 지역 출신의 고관이나 거상들이 돈을 내 지었다. 회관에 머물며 공부하면서 벼슬길에 오른 이들이 많아 자연스럽게 미스 후통에는 유명 인사들의 자취가 서린 집이 많았다.

캉유웨이가 살던 43호도 애초에는 광둥성 난하이南海, 남해출신들이 도광제 4년(1824)에 완공한 난하이회관이었다. 난하이 출신 캉유웨이도 낯선 베이징에 와서 남해회관 내부의 일곱 그루 회화나무가 서 있었던 칠수당七樹堂에서 동생이자 유신파 동지인 캉광런康廣仁, 강광인과 함께 살았다. 캉유웨이는 이곳에서 베이징 최초의 민영 신문인 「만국공보萬國公報」를 창간해 유신 사상을 널리 알렸으며, 광서제에게 유신변법의 불가피성을 호소하는 상소문을 줄기차게 써 올렸다. 칠수당은 캉유웨이와 함께 무술년 변법을 주도한 량치차오梁啓超, 양계초와 탄쓰퉁譚嗣同, 담사동이 모이는 비밀 아지트이기도 했다. 광서제는 무술변법이 실패로 돌아가자 서둘러 남해회관에 사람을 보내 캉유웨이 등에게 빨리 피신하라고 명했다고 한다.

미스 후통이 헐리기 전 이곳 62호는 장쑤성 쉬저우徐州, 서주회관이었고, 64호는 안후이성 징셴涇縣, 경현회관이자 1919년 5.4 운동 당시 유명한 간행물인 「매주평론」의 편집국이었다. 83호는 후난성 닝샹寧鄕, 영향회관, 98호는 장쑤성 장인江陰, 강음회관이었다.

미스 후통에는 1918년 리다자오가 마오쩌둥, 덩중샤, 천위성, 왕광시, 자오위옌 등 초기 공산당 동지들을 초대해 '소년중국학회' 설립을 준비한 흔적도 있었고, 중화민국 초대 총통 쑨원의 발자취도 있었으며, 중국 국가 작곡가인 녜얼이 친구들과 어울렸던 고택도 있었다. 그러나 지금은 이 모든 자취들이 사라졌다. 베이징시는 1984년 캉유웨이 고거를 중요 문물보호단위로 지정해 놓고 지금처럼 흉물스럽게 파괴했다. 중국 행정의 폭력성과 몰역사성을 보여 주는 한 단면이다.

캉유웨이의 삶은 반파된 고택만큼이나 파란만장하고 아이러니하다. 다섯 살에 한시 100수를 외우고 『논어』와 『대학』을 뗀 천재 캉유웨이는 유교 경전 너머에 있는 세상을 갈구했다. 서구 열강의 침략에 갈기갈기 찢기다 청일전쟁에서도 패한 조국은 캉유웨이에게 더 이상 희망을 주지 않았다. 그는 20대 때 벌써 난하이에서 훗날 변법운동을 함께한 웡퉁허, 량치차오 등을 양성했다. 사유재산과 가족 및 국가마저 사라지는 유토피아 세상을 그린 문제작『대동서』를 20대에 쓰기도 했다. 유토피아는 현실에서 이뤄질 수 없다는 것을 안 캉유웨이는 청나라가 일본의 메이지유신을 본받아 왕조 국가를 포기하고 입헌군주제로 나아가야 한다고 믿었다. 이것이 바로 유신변법의 핵심 사상이다. 캉유웨이는 광서 14년(1888) 황제에게 변법을 주장하는 첫 상소를 올렸다.

변법개혁의 주된 내용은 중앙관제를 대폭 축소하는 행정개혁, 신학문을 가르치는 신학교를 설립하고 그 졸업생에게 과거합격증을 줌으로써 과거제를 사실상 폐지하는 교육개혁, 근대식 군대 체제를 수립하는 군사개혁, 철도 부설·화폐 통일·조선소 설립 등을 추진하는 산업개혁, 여성의 전족을 금지하고 한족과 만주족의 차별을 없애는 문화개혁 등으로 이뤄졌다. 자금성 내 기득권 세력인 보수파들이 이런 개혁에 강력 반발한 것은 어쩌면 당연한 일이었다.

서태후와 권력투쟁을 벌이던 청년 황제 광서제는 변법개혁을 전면 수용하는 승부수를 띄웠다. 1898년 6월 11일 '이제부터는 변법을 국시로 한다'고 선포한 것이다. 이른바 '명정국시明定國是'다. 법을 바꾸어 부국강병을 이룬다는 변법자강이 국시로 받아들여졌고, 캉유웨이는 총리아문의 장경章京에 올라 황제에 직보할 권한을 확보했다.

그러나 유신파로부터 군대 동원을 부탁받은 군벌 위안스카이의 배신으로 유신변법은 100일 천하로 끝났다. 캉유웨이의 동생 캉광런, 탄쓰퉁, 양루이楊銳, 양예, 린쉬林旭, 임욱, 류광디劉光第, 유광제, 양선슈楊深秀, 양심수 등 유신변법 지도자 6명은 즉각 처형됐다. 처형된 이들을 '무술 6군자'라고 부른다. 광서제도 중난하이 영대에서 10년 동안 유폐됐다가 독살당했다.

6군자와 달리 변법자강의 영수였던 캉유웨이가 목숨을 부지한 것은 물론 호화롭고 자유분방한 삶을 산 것은 유신변법의 최대 아이러니다. 캉유웨이는 보수파의 쿠데타가 일어나자 재빨리 홍콩으로 도망쳤다. 이후 15년 동안 외국을 떠돌던 강유웨이는 1911년 신해혁명으로 청조가 멸망하자 귀국했다. 그런데 귀국 후 그는 새로 수립된 공화국을 무너뜨리고 청 황실을 복원하려 했던 장쉰의 '복벽'에 가담해 개혁파 후학들에게 충격을 주기도 했다. 그의 머릿속에는 '입헌'보다는 '군주'가 더 크게 자리 잡고 있었다.

캉유웨이는 여성편력 또한 대단한 인물이었다. 말로는 '남녀평등'과 '일부일처제'를 주장했지만, 실제로는 첩을 4명이나 거느렸다. 가족은 중국에 남겨 놓고 혼자 해외를 유랑하면서 많은 서양 여성들과 사귀었다. 1907년 미국에서 생활할 당시 그는 한 화교가 운영하는 대농장에서 살았다. 농장주의 딸 허잔리何旃理, 하전리가 캉유웨이에게 반했다. 캉유웨이가 영국으로 돌아가려 하자 허잔리는 부모의 반대를 무릅쓰고 캉유웨이와 결혼해 기꺼이 세 번째 첩이 되어 함께 영국으로 갔다.

1911년 캉유웨이가 일본 고베 스마구 별장에서 머물 때였다.

이번에는 캉유웨이·허잔리 부부를 시중들던 16세 일본 소녀 즈코가 캉유웨이와 사랑에 빠졌다. 캉유웨이 가족이 중국으로 돌아가려고 결정했을 때 허잔리는 남편과 즈코 사이를 눈치채고 즈코에게 함께 가자고 했다. 즈코는 네 번째 첩이 되어 부부를 따라갔다. 상하이에 도착한 이후 이들은 함께 살다가 1914년 허잔리가 갑자기 병사했다. 허잔리의 나이 불과 24세였다. 19세 즈코는 지극정성으로 캉유웨이를 살폈다. 이 덕에 캉유웨이는 많은 그림과 문학 작품을 남겼다. 캉유웨이 가족과 불화에 시달리던 즈코는 1924년 임신한 채로 일본으로 떠났다. 그리고 1927년 캉유웨이가 산둥성 칭다오에서 70세로 사망했다는 소식을 들었지만, 즈코는 칭다오에 가지 않았다. 먼 훗날 1974년 팔순을 바라보던 즈코는 캉유웨이와 행복한 나날을 보냈던 스마구 별장 근처에서 자살했다. 자살 이유는 끝내 밝혀지지 않았다.

변법자강의 최후
베이반제 후통

캉유웨이가 유신변법을 처음으로 주창한 선각자였다면 죽음으로 유신변법의 최후를 장식한 인물은 캉유웨이의 제자 탄쓰퉁(1865~1898)이다. 캉유웨이가 100일 천하 이후 목숨을 부지하기 위해 해외로 도피해 편안한 외유를 즐겼다면, 탄쓰퉁은 죽음을 자처해 변혁의 정신을 후대에 남겼다. 그는 스승 캉유웨이가 살던 미스 후통에서 가까운 베이반제北半截, 북반절 후통에 기거했다.

미스 후통 가장자리에 있는 차이스커우역에서 육교를 건너면 곧바로 베이반제 후통이 나오고 후통 초입에 탄쓰퉁 고거가 있다. 대문 앞에 탄쓰퉁이 살았던 곳을 알리는 표지판이 있긴 하지만 이 후통 역시 재개발 예정지여서 대부분 헐릴 것으로 보인다. 10여 가구가 모여 살고 있는 사합원 형태의 탄쓰퉁 고거에서 만난 할머니는 "이 집 말고 다른 집에 살던 이웃들은 이미 다 떠났다"라고 말했다. 실제로 다른 사합원 곳곳에서는 2018년 1월부터 가옥이 폐쇄됐다는 붉은 글씨의 안내문이 붙어 있었다.

변법자강운동의 정신을 후세에 남기기 위해 죽음을 자처한 탄쓰퉁 고거

이름에서 힌트를 얻을 수 있듯이 베이北반제 후퉁 남쪽에는 당연하게도 난南반제 후퉁이 있다. 반제半截, 반절라는 말은 '반반씩 나누다'라는 뜻인데, 실제로 후퉁이 남북으로 나뉜 것이다.

반제 후퉁의 유래를 좀 더 자세히 살펴보면 이 골목이 꽤나 으스스한 곳이었음을 알 수 있다. 왜냐하면 반제 후퉁에 자리 잡고 있었던 차이스커우菜市口, 채시구라는 곳이 청나라 때 대표적인 사형장이었기 때문이다. 청나라 황실을 배경으로 하는 중국 사극을 보면 종종 황제가 "죄인을 우먼午門, 오문 밖으로 끌고 가 참수하라" 하고 명하는 장면이 나오는데, 오문 밖 사형장이 바로 차이스커우다. 차이스라는 이름은 훗날 사형장이 폐쇄되고 이곳에 채소 시장이 열렸기 때문에 붙었다. 차이스 이전 사형장으로 쓰일 때에는 반자오絆脚, 반각라는 명칭이 사용됐다. '사형'이라는 단어를 입 밖에 내는 걸 금기시했던 민초들은 사형 대신 '반자오'라는 말을 썼다. 반자오를 직역하면 '줄에 발이 걸려 넘어지다'라는 뜻이다. '어떤 일에 연루되다', '발목 잡히다'라는 뜻으로 의역된다. 어떤 일에 연루돼 죽임을 당하는 것을 암시할 때도 이 말이 사용됐다. 그래서 옛사람들은 사형장 주변을 반자오로 불렀고, 사형장을 지나는 골목의 이름을 '반자오'와 음이 비슷한 '반제'로 정한 것이다.

탄쓰퉁이 살았던 곳의 주소는 베이반제 후퉁 41호다. 애초 이곳은 후난성 류양瀏陽, 류양회관이었다. 광둥성 난하이 사람 캉유웨이가 미스 후퉁의 난하이회관에서 살았듯이 류양 출신의 탄쓰퉁은 이곳 류양회관에서 살았다. 고택 앞에 류양회관이라는 표지석이

서 있고 담벼락에 탄쓰퉁 고거라는 알림판이 동시에 붙어 있는 이유다. 류양에서 베이징으로 올라온 탄쓰퉁은 이 고거에서 수많은 문집을 냈다. 광서제에게 변법자강을 호소하는 여러 장의 상소문을 쓴 곳도 이 집이다.

류양의 관리 집안에서 태어난 탄쓰퉁은 어려서부터 여행을 좋아했다. 특히 신장, 대만 등 중국의 오지를 다니며 궁핍한 민중의 삶을 목도했다. 1894년 조선에서 일어난 갑오농민전쟁을 진압하기 위해 조선에 출병한 청과 일본은 급기야 전쟁(청일전쟁)을 치렀고, 일본의 대승으로 끝났다. 1895년 중국으로서는 치욕스러운 시모노세키조약이 체결됐다. 중국에선 이를 마관馬關조약이라고 부른다. 조

탄쓰퉁이 살았던 사합원 내부에도 재개발 예정지라는 딱지가 덕지덕지 붙어 있다.

약에 따라 청은 일본에 요동반도와 대만 등을 내줘야 했다. 탄쓰퉁은 이때 변법개혁에 따른 서구화만이 중국을 살릴 수 있다고 믿게 됐다.

베이징에 온 탄쓰퉁은 캉유웨이의 제자 량치차오梁啓超, 양계초를 만나면서 변법자강운동 이론을 체계적으로 구축했다. 탄쓰퉁은 빼어난 달변가여서 그의 강연에는 늘 구름처럼 많은 관중이 모였다고 한다.

1898년 6월 11일 광서제가 '명정국시'를 발표하면서 탄쓰퉁은 권력의 핵심부로 진입했다. 서태후 등 보수파가 캉유웨이를 광서제에 천거한 웡퉁허翁同龢, 옹동화를 파면하자, 광서제는 이에 반발해 탄쓰퉁, 양루이, 류광디, 린쉬 등 4명을 군기대신軍機大臣 장경章京에 임명했다. 군기대신을 보필하는 직책인 장경은 황제와 직접 소통할 수 있는 핵심 요직이었다. 이들은 100일 유신 동안 광서제 명의로 내려진 수많은 조서를 작성했다. 나라를 근본적으로 변혁할 수 있다는 자신감으로 똘똘 뭉친 상태였다.

하지만 '명정국시'는 이화원에 앉아 광서제가 있는 자금성 탈환을 노리던 서태후를 진노케 했다. 보수파 간신들은 서태후와 밤낮없이 유신파를 제거하는 음모를 꾸몄다. 위안스카이의 배신, 룽루榮祿, 영록의 군사 반란으로 유신은 실패로 돌아갔다.

유신 세력에 대한 대대적인 체포령이 떨어졌다. 캉유웨이는 영국 총영사의 도움으로 밀항에 성공했고, 량치차오는 일본 공사관으로 피난했다. 일본 대리공사 하야시는 그를 일본군함에 태워 일본으로 보냈다.

탄쓰퉁도 일단 일본 공사관으로 도망쳤다. 하지만 망명을 위해 피신한 게 아니었다. 애지중지하던 시문과 고서를 앞서 피신한 량치차오에게 전하기 위해서였다. 량치차오는 함께 일본으로 떠나자고 간곡하게 부탁했으나, 탄쓰퉁은 베이반제 후통으로 유유히 돌아와 관군이 오길 기다렸다. 스스로 죽음을 자처한 이유를 탄쓰퉁은 이렇게 썼다. "피를 흘리지 않고 변혁에 성공한 나라는 없다. 중국에서 변법이 성공하지 못한 이유는 피 흘린 자가 없기 때문이다. 내가 피를 흘린 첫 번째 인물이 될 것이다." 1898년 9월 28일 탄쓰퉁은 양루이, 린위, 류광디, 캉광런, 양선슈 등 '무술 6군자'와 함께 처형됐다. 형장에서 탄쓰퉁은 이렇게 말했다. "나는 애석하게도 더 이상 변혁을 주도할 힘이 없다. 빨리 죽여 달라"

후흑의 달인
룽루의 표리부동

중국에는 '후흑학厚黑學'이라는 학문이 있다. 청말 민국 초기 리쭝우 李宗吾, 이종오라는 학자가 책으로 써서 체계화한 처세술인데, 권력 암투에서 승리하려면 얼굴이 두껍고(面厚) 속이 시커매야(心黑)한다는 것이다. 청나라가 망해 가던 시절에 특히 철면피 같은 관리들이 많았는데, 후흑학을 예술의 경지로 끌어올린 인물이 바로 유신변법을 진압한 룽루榮祿, 영록(1836~1903)다.

광서제는 1898년 캉유웨이, 탄쓰퉁 등의 주장대로 일본의 메이지유신을 본받은 변법을 수락하며 '명정국시'라는 조서를 발표해 각종 정치, 경제 개혁안을 내놓았다. 지긋지긋한 서태후(자희태후)의 수렴청정을 끝내려는 청년 황제 광서제의 최후의 일격이었다. 서태후는 광서제 친모의 언니였다.

조정은 서태후를 따르는 보수파인 '후당后黨(황후당파)'과 황제를 따르는 개혁파인 '제당帝黨(황제당파)'으로 나뉘어 팽팽하게 대립했다. 당시 룽루는 병권을 쥔 병부상서였고, 광서제의 스승으로 개혁파의 우두머리인 웡퉁허옹동화, 翁同龢는 호부상서였다. 웡퉁허가 천거한 캉유웨이와 탄쓰퉁 등 개혁파가 실권을 장악해 오자 룽루는 "개혁파의 영수 웡퉁허를 제거하지 않으면 모든 권력을 잃을 것"이라고 서태후에게 지속적으로 은밀하게 주입시켰다. 룽루는 그러나 겉으로는 개혁파를 지지하는 발언을 하며 개혁파 관료들과 친분을 이어 갔다. 서태후는 광서제에게 나이 든 웡퉁허를 은퇴시킬 것을 집요하게 강요했다. 웡퉁허가 존재하는 한 정국 운영을 해 나가지 못할 지경에 이르자 광서제는 눈물을 머금고 웡퉁허를 읍참마속했다.

귀향길에 나선 웡퉁허 앞에서 룽루는 슬픈 표정을 짓더니 갑자기 대성통곡을 했다. 노잣돈이라도 하라며 거액을 찔러주기도 했다. 악어의 눈물이었지만, 웡퉁허와 캉유웨이 등 개혁파들은 룽루의 연기에 속아 넘어갔다. 개혁파들은 급기야 룽루가 유신변법을 지지한다고 확신하게 됐다. 정적 제거에 성공한 룽루는 몰래 톈진을 오가며 비밀리에 자신의 군대를 육성했다.

룽루의 '후흑'을 뒤늦게 눈치챈 광서제는 탄쓰퉁을 톈진으로 보내 그곳에서 세력을 키우던 위안스카이를 이용해 서태후와 룽루를 제거할 방법을 찾도록 했다. 야심에 찬 위안스카이의 군대는 7만여 명으로 룽루의 10만 군사에 비해 수가 적었지만, 훈련이 잘된 정예군이었다. 탄쓰퉁은 위안스카이에게 "서태후와 룽루를 제거하면 국가 병권을 모두 주겠다"라는 광서제의 약속을 전달했다. 위안스카이는 반색하며 "나만 믿으시라. 룽루는 독안에 든 쥐"라고 말했다. 그러나 탄쓰퉁은 위안스카이의 야심이 룽루의 '후흑'보다 더 위험하다는 사실을 알아채지 못했다. 웡퉁허의 낙마로 조정 권력이 서태후와 룽루 등 보수파 쪽으로 기울었다는 것을 직감한 위안스카이는 광서제의 제안을 오히려 룽루에게 흘렸다. 룽루는 즉각 베이징 이화원으로 달려가 서태후 앞에서 엎드려 울며 광서제의 서태후 제거 계획을 폭로했다.

보고를 받은 서태후는 이화원에서 자금성으로 달려가 광서제의 방을 수색하고 변법에 관한 모든 서류를 압수했다. 광서제가 일본에서 온 이토 히로부미를 접견하는 행사를 마치고 돌아오자 서태후는 광서제에게 음독 자결할 것을 강요하기까지 했다. 광서제는 황족들의 간청으로 겨우 자결은 면하고 유폐 처분됐다. 서태후는 무술변법을 진압한 공을 들어 룽루를 군기대신으로 임명하고 무한 권력을 주었다. 조정의 크고 작은 모든 일은 룽루의 말 한마

디로 결정됐다.

무소불위의 권력을 휘두른 룽루의 고거는 난뤄구샹 동쪽 8번째 후통인 쥐얼 후통에 있다. 지금 있는 이 후통의 3호, 5호, 7호가 모두 예전에는 룽루의 집과 화원이었을 정도로 방대했다. 7호는 현재 아파트 단지와 중소기업 창업단지로 조성됐으며, 화원이었던 3호와 5호는 민가로 바뀌었다. 쥐얼 후통은 1990년대 초 중국의 전통 사합원과 서양식 건물을 혼합해 짓는 새로운 주택 지구로 지정됐다. 서양식 건물이 들어서며 외국인들도 많이 거주하는 거리가 됐다. 그러나 지금은 동서양 혼합식 주택마저도 낡아 보인다.

광서제와 서태후 사이에서 줄타기했던 룽루의 고택이 지금은 아파트 단지로 변했다.

무난한 재상, 무난한 망국,
리스 후통의 밴틀리

청나라 전성기의 끝과 쇠락기의 초입을 장식한 건륭제는 1736년부터 1796년까지 공식적으로 60년간 재위했다. 강희제 통치 61년이 통일, 흥륭의 시대였다면 옹정제 13년은 계승, 보전의 시대였다. 그리고 건륭제 60년은 과실이 무르익고 끝내 썩기 시작한 시기로 표현된다.

건륭제는 통치 기간 대부분을 신하 세 명과 함께했다. 허션, 지윈(지샤오란), 류융이 그들이다. 탐관 허션은 청조의 몰락을 앞당긴 간신이다. 지윈은 청조를 통틀어 최고의 천재였다. 사고전서 완성을 주도한 대학자였지만, 천재 특유의 친화력 부재로 독불장군 스타일이었다.

반면 류융은 둥글둥글한 성품을 가졌다. 건륭제의 까칠한 성질을 건들지 않으면서도 백성을 이해하는 사려 깊은 신하로 평가된다. 중국 사극에서 가장 많이 다뤄지는 시기가 건륭제 시대다. 허션, 지윈, 류융이 펼치는 3각 암투는 종종 스토리의 주요 뼈대를 이루기도 한다. 허션의 고거가 지금 궁왕푸로 남아 있는 것을 비롯해 건륭제와 함께 천하를 호령했던 3대 신하가 살던 집은 지금도 잘 보전돼 있다.

류융의 고거는 둥청東城. 동성구 동남부의 차오양먼난샤오제朝陽門南小街. 조양문남소가와 둥쓰난다제東四南大街. 동사남대가를 동서로 잇는

건륭제의 총애를 받았던 신하 류용이 살았던 대저택

리스禮士, 예사 후통 129호 대저택이다. 이 저택의 외관을 보폭으로 재 봐도 가로 100미터, 세로 50미터는 족히 넘을 듯하다. 높이가 5미터 이상 되는 담벼락에는 자금성에나 있을 법한 화려한 전각이 새겨져 있다. 개인 소유여서 허락 없이는 안으로 들어갈 수가 없다.

필자가 탐방을 갔을 때에는 3개의 거대한 붉은 문 가운데 하나가 살짝 열려 있었다. 이 문으로 최고급 외제 승용차인 밴틀리 한 대가 미끄러지듯 빠져나왔다. 문이 닫히기 전에 경비를 서는 아저씨에게 "누가 사는 집이냐"라고 물어보니 "대기업 총수가 산다"라고 말했다. 그러면 "국유기업 회장이냐"라고 물으니 "아니다"라고 답했다. 국유기업 회장은 주로 공산당 고위 간부가 맡는다. 당 간부가 시내 중심에 있는 이런 대저택에서 보란 듯이 살면 감찰을 자초하는 행위일 것이다. 특히 시진핑 주석 집권 이후 계속되는 대대적인 사정 작업을 생각할 때 국유기업 회장이 외국 관광객도 많이 찾는 이런 곳에 살지는 않을 것처럼 보였다. 그렇다면 상대적으로 자유로운 민영기업이나 최근 떠오른 벤처기업 회장이 소유한 저택일 가능성이 크다.

경비 아저씨가 한눈을 파는 사이 살짝 열린 문으로 들어가 정원을 살펴보았다. 바다처럼 넓은 정원이 펼쳐졌다. 정원에는 진귀한 석상과 아름다운 분재가 수도 없이 서 있었다. 고풍스럽게 지어진 단독 별채도 여러 채 있었다. 어떤 게 본채이고 어떤 게 별채인지 분간할 수 없을 정도였다. 초입에는 롤스로이스 두 대가 주차된 모습도 보였다. 방금 전 빠져나간 밴틀리를 포함해 이 집에는 최소 3대의 초호화 외제차가 있는 셈이다. 청대 제일의 탐관이었던 허션과 비교해 볼 때 그나마 검소했던 류용의 집 규모가 이 정도이니 청나라 대신들의 부귀영화가 어느 정도였는지 짐작할 만했다.

욕심 많은 건륭제는 가끔 류용을 곤경에 빠지게 했다. 건륭제는 특히 명대 황제 13명이 잠들어 있는 명십삼릉明十三陵에 서 있는 수많은 석인과 석수를 탐냈다. 명십삼릉 수리를 핑계로 삼아 정교하게 조각된 석상들을 모조리 자신이 죽으면 묻힐 능에 옮기길 원했다. 이를 눈치챈 류용은 밤에 몰래 석수장이를 시켜 석상들에 작은

지금은 대기업 총수가 사는 류용 고택 안에 주차된 롤스로이스

흠집을 내게 했다. 완벽함을 추구했던 건륭제는 흠집을 보고는 석상 이전을 포기했다. 건륭제의 심기를 건들지 않으면서 명십삼릉을 보호하기 위한 류용의 고육책이었다.

근대법은 완성했으나
근대 국가를 완성하지 못한 선자번

베이징 후통은 크게 셋으로 나뉜다. 난뤄구샹, 다자란, 류리창처럼 관광객들을 끌기 위해 당국이 의도적으로 잘 보존하고 크게 확장한 후통과 도심 공동화 속에 빈민가로 전락한 후통, 그리고 재개발

의 광풍 속에서 속절없이 사라진 후통 등이다. 이런 후통들을 다니
다 적당히 정돈되고 적당히 낡은 모습을 간직한 후통을 만나면 더
없이 반갑다.

베이징 지하철 쉬안우먼역에서 내려 대로를 따라 남쪽으로 조
금만 내려가면 나오는 다즈차오達智橋, 달지교 후통이 그런 곳이다. 정
갈하면서도 관광객이 없어 조용하다. 길이가 300미터 정도밖에 안
되는 짧은 골목이지만 중간 중간에 작은 찻집과 전통 식당도 있어
호젓하게 둘러볼 만하다.

다즈차오 후통에서 가장 유명한 곳은 후통 12호 양자오산츠楊
椒山祠, 양초산사다. 명나라 가정제 때 충신이었던 양지성楊繼盛, 양계성이

무술변법을 호소하는 첫 상소문이 쓰여졌던 다즈차오 후통의 고즈넉한 풍경

살던 집이다. 양지성의 호가 초산椒山이었다. 양지성은 간신 옌쑹嚴嵩, 엄숭의 죄목 10개를 낱낱이 밝히며 처벌하라는 상소를 가정제에게 올렸으나, 황제는 오히려 옌쑹의 말만 믿고 양지성을 처형했다. 청나라 건륭제 때 양지성의 충심을 기려 사람들이 이곳에 사당을 지었다.

이 사당은 무술변법 당시 중요한 역할을 했다. 1895년 중국은 일본과의 전쟁에서 패하고 굴욕적인 시모노세키조약을 체결했다. 캉유웨이는 이때 제자 량치차오와 함께 과거를 보기 위해 베이징에 와 있었다. 요동반도와 대만 할양, 2억 량의 배상금 지불 문제로 베이징 민심은 들끓었다. 이를 목격한 캉유웨이는 '조약 거부, 천도 항전, 변법 실행'을 주장하는 상소문을 작성해 과거를 보기 위해 모여든 선비들에게서 서명을 받았다. 1,500여 명이 서명했고 캉유웨이는 이 상소문을 황제에게 올렸다. 이른바 '공거상서公車上書'로 불리는 이 유명한 상소문이 작성된 곳이 양자오산츠다. 과거를 보러 온 선비들이 제2의 양지성을 만들지 말라고 호소한 상소문은 광서제의 마음을 움직여 마침내 '명정국시'를 선포하게 했다.

다즈차오 후통 북쪽 끝에 붙어 있는 후통의 이름은 진징金井, 금정이다. 이 후통도 길기가 200미터에 불과하다. 진징 후통 1호는 중국 근대법 체계를 처음으로 구축한 법학자 선자번沈家本, 심가본(1840~1913)의 고거다. 그는 청나라 말기 형부우시랑刑部右侍郎, 법률대신法律大臣, 대리원정경大理院正卿 등 법을 다루는 기관에서 중책을 맡았다. 중국 고대법 자료를 모으고 이를 근대적으로 해석하는 한편,

서양 법률 체계를 받아들여 중국의 봉건 법률 체계를 근대화하는데 온 힘을 쏟았다. 형법, 민법, 소송법 등 그의 손길이 미치지 않는 분야가 없을 정도였다. 대청형률大淸刑律, 대청민률大淸民律, 대청상률초안大淸商律草案, 형사소송률초안刑事訴訟律草案, 민사소송률초안民事訴訟律草案 등 수많은 법전을 편찬했다. 특히 근대 형사법과는 어울리지 않는 능지처참, 효수, 부관참시 등의 극형을 폐지하는 데 앞장섰다.

저장성 우싱 사람인 선자번은 1900년 베이징에 와서 궁궐의 형부에서 일하기 시작한 이후 죽을 때까지 진징 후통 1호에서 살았다. 1호는 애초 우싱회관으로 쓰였지만, 너무 낡아 사람이 못살게 되자 선자번이 매입해 수리했다. 대학자였던 선자번은 자신의 장서를 보관하기 위해 곁방을 2층으로 올리고 '심벽루沈碧樓'라고 이름 붙였다. 심벽루에는 법률 관련 서적이 무려 5만 권이나 있었다고 한다.

필자가 고거를 방문했을 당시에는 수리 작업이 한창이었다. 공사 관계자에게 물어보니 중국 최고인민법원(대법원)이 새롭게 단장해 선자번 기념관으로 사용할 것이라고 했다. 자신을 최고인민법원 직원이라고 소개한 그는 '선자본이 살 때와 기본 격식이 변하지 않은 저택'이라면서 "최근까지 이 사합원에 60여 가구가 모여 살았는데, 최고인민법원이 매입해 리모델링 공사를 하고 있다"라고 설명했다.

청 조정은 중국을 난도질하던 열강과의 법률 협상에 늘 선자

청말 근대법 체계를 완성한 선자번의 고택이 기념관으로 탈바꿈하고 있다.

본을 투입했다. 그중 대표적인 게 '바오딩保定. 보정 교회 사건'이다. 1898년 100일 유신천하 시기 서태후는 변법 운동을 진압하기 위해 간신 룽루에게 베이징 외곽 창신뎬에 군대를 배치하도록 했다. 룽루는 위안스카이와 함께 음모를 꾸며 무술변법 지도자들을 격퇴하는 데 가장 큰 역할을 한 인물이다. 룽루의 명령을 받고 창신뎬으로 향하던 군대가 허베이성과 베이징의 경계 지역인 바오딩에 도착했다. 행진 중에 프랑스 교회를 발견한 군사 두 명이 호기심에 무단으로 예배당 안으로 들어갔다. 당시 열강의 교회에는 중국인이 들어갈 수 없었다. 교회를 지키던 프랑스 보안대는 무단 침입한 군사들을 감금했다. 이 소식을 전해 들은 군인 한 명이 동료를 구출하기 위해 교회로 들어가 물건을 때려 부수고 프랑스 선교사 두 명에게 상처를 입혔다.

당시 중국에 있던 서양인들은 치외법권적인 권리를 누렸다. 다급해진 서태후와 룽루는 선자번을 급파해 프랑스와 협상토록 했다. 선자번은 즉각 훼손된 기물들을 조사하고 배상금 300량을 제시했다. 그러나 프랑스 선교사들은 새 교회를 지을 땅을 달라고 요구했다. 선자번은 이 요구를 받아들이는 선에서 타협을 지었다. 그러나 프랑스는 곧바로 5만 량과 땅을 더 달라고 요구해 왔다. 선자번은 추가 요구를 들어주면 안 된다고 했지만, 보복을 두려워 한 조정은 프랑스가 달라는 대로 다 내어 줬다.

선자번의 예상대로 프랑스 교회는 여기에서 멈추지 않고 조정이 관리하던 알짜배기 땅을 더 요구해 왔다. 선자번은 국제법과 국내법을 근거로 들며 더 이상의 요구는 불가하다고 맞섰다. 선자번의 법리에 밀린 프랑스는 한 발 물러섰으나, 선자번에게 적개심을 품게 됐다. 1900년 9월 광서제는 프랑스와의 협상을 잘 이끈 공으로 선자번을 산시성 안찰사로 발탁했다. 이후 청의 국력은 더 약해져 프랑스 등 8국 연합군이 보호를 빌미로 바오딩을 완전히 점령했다. 선자번에게 복수심을 품었던 프랑스는 선자번이 의화단에 연루됐다고 엮어 그를 바오딩 교회에 감금했다. 근대법을 완성한 법률가였지만, 근대국가로 거듭나지 못한 조국 탓에 선자번은 회갑의 나이에 6개월 넘게 바오딩 교회에서 옥살이를 해야 했다.

중국에서 살다 보면 법률 분야가 다른 분야에 비해 많이 낙후

됐음을 쉽게 느낄 수 있다. 합법과 불법의 경계가 모호하고, 형벌을 가늠하기도 어렵다. 사업 계약이나 부동산 계약이 하루아침에 효력을 잃어 계약서가 휴지 조각이 되는 경우도 많다. 법률이 개인의 권리를 보호한다고 믿는 중국인은 드물다. 이 때문에 법률보다 '관시關系, 인간관계'에 더 의존한다.

과거 우리처럼 사법시험을 통해 법조인을 선발하지만, 주요 대학 법학과의 선호도가 경영학과나 공학 계열 학과보다 현저히 떨어지는 것도 중국 사법 체계의 낙후성을 방증한다. 중국은 사법시험에 합격한 이들을 대상으로 판사와 검사 시험을 따로 치른다. 판·검사 시험에 응시할 수 있는 자격은 국가가 인정하는 전국 500여 개의 '우수 4년제 대학'에서 법학을 전공한 사람이나 이에 상응하는 법학 전문지식을 갖춘 사람에게만 주어진다. 그럼에도 법학과에는 최우수 인재가 몰리지 않는다.

가장 큰 이유는 사법 체계의 권위가 약하기 때문이다. 공산당이 사법부 위에 있기 때문에 최고인민법원도 당의 결정을 집행하는 행정 조직에 불과할 때가 많다. 권력형 부패나 정치사건 등 주요 형사 사건의 경우 당 기율위원회와 공안이 수사를 도맡고 검찰은 당과 공안의 수사 결과만 가지고 단순하게 기소만 대행할 뿐이다. 당 정법위원회가 유무죄와 적용 법률을 정하면 법원은 그에 맞춰 형량을 확정한다. 최고인민법원의 수장은 최고인민법원 당위원회 서기가 맡으며, 최고인민검찰원(대검찰청) 원장도 최고인민검찰원 당위원회 서기가 맡는다. 고위직 판검사 자리를 퇴역한 공안 출신이 꿰차는 경우도 많다.

중국 경제가 세계화되면서 민사소송 체계는 그나마 빨리 현대화되고 있다. 하지만 민법총칙이 최근에야 완비되는 등 중국의 법률 시스템이 세계적으로 보편성을 띠려면 아직 갈 길이 멀다. 1900년대 초기 선자번이 구축하기 시작했던 근대적 사법 시스템이 사회주의 법률 체계에 막혀 여전히 꽃을 피우지 못하고 있는 셈이다.

아들과 손자를
황제에 올린 혁현의 잠룡저

베이징 후통 가운데 많이 알려지지 않았지만, 가장 운치 있는 후통이 시청취 푸싱먼復興門, 복흥문 남쪽에 있는 빠오자제鮑家街, 포가가다. 골목 길이가 400미터에 불과하지만, 천하 명당으로 알려져 있다.

빠오자제에서 가장 유명한 곳은 청말 무술변법을 선포했던 광서제의 친부이자 마지막 황제 부의의 친조부인 순친왕 혁현의 고거 춘왕푸다. 혁현 자신은 비록 황제에 오르지 못했지만, 이곳에 살며 황제가 될 아들을 낳았고, 황제가 된 손자를 보았기 때문에 명당으로 여겨진다. 근처에 있는 중앙음악학원과 문명시민학교(소년궁)도 모두 춘왕푸의 일부였을 정도로 규모가 크다.

중국 최고 음악대학인 중앙음악학원의 캠퍼스는 웬만한 종합대학에 버금갈 정도로 넓고 크다. 소년궁도 기와집 10여 채가 이어

순친왕 혁현이 살았던 춘왕푸의 중심 건물

진 커다란 연수원이다. 춘왕푸의 규모가 얼마나 컸을지 짐작할 수
있다. 후통을 빠져나오면 '신문화가'라는 큰 대로가 나온다. 대로변
에 중앙은행인 중국인민은행이 있다. 신문화가는 뉴욕 월스트리트
에 비견되는 베이징의 금융가다.

춘왕푸의 정확한 주소는 빠오자제 43호다. 도광제의 7번째 아
들인 혁현은 자금성에서 살다가 4번째 형인 혁저奕詝가 황제(함풍제)
에 오르자 황실 법도에 따라 황궁인 자금성에서 나와 풍광이 좋은
이곳으로 이사를 왔다. 함풍제를 이은 동치제 11년(1872)에 혁현은
순친왕에 봉해졌다. 그래서 이 집의 이름도 지금의 순왕부가 됐다.
함풍제의 외아들이었던 동치제는 5세에 즉위했기 때문에 생모 서태후가 수렴청정했다. 후궁이었던 서태후*는 함풍제의 유일한 아들인 동치제를 낳으며 태후의 반열에 올랐고, 어린 동치제 덕에 천하를 호령했다. 동치제는 어머니의 그늘에 가려 아무런 실권을 행사하지 못하다가 18세 때 천연두로 죽었다.

동치제에게 후사가 없자 청 황실은 동치제의 삼촌인 혁현의 둘째 아들 재첨載湉을 황제(광서제)로 올렸다. 그때 재첨의 나이는 불과 세 살이었다. 황실 예법상 황제가 태어난 곳은 '잠룡저潛龍邸'로 지정돼 궁전으로 취급됐다. 궁전에선 황제 외에는 아무도 살 수가 없어 재첨의 생부인 혁현은 이곳을 떠나 스차하이 주변에 있는 현재의 쑹칭링 고거 쪽으로 이사를 갔다.

서태후가 어린 재첨을 광서제로 봉한 것은 시동생인 혁현의 아내가 자신의 친동생 엽혁나랍 연아였기 때문이다. 권력의 화신이었던 서태후는 자기 동생을 남편(함풍제)의 동생에게 시집보낼 정도로 집요한 여성이었다. 어린 아들을 황제로 올려놓고 권력을 휘두르다가 아들이 죽자 친동생이 낳은 어린 조카(광서제)를 다시 황제에 올려 권력을 계속 유지한 셈이다.

하지만 광서제는 서태후의 그늘에서도 야심만만한 젊은 황제로 커 갔다. 1898년 일본 메이지유신을 본 딴 무술변법(변법자강운동)을 전격 선포해 서태후를 권좌에서 끌어내리고 근대화 개혁을 시도했다. 그러나 서태후를 정점으로 한 수구파의 쿠데타로 실패했

---

* 본명 엽혁나랍 난아

다. 광서제는 10년간 유폐 생활을 하다가 재위 34년째인 1908년 11월 14일 독살당했다. 독살의 배후가 서태후라는 게 정설처럼 굳어졌다. 안타깝게도 광서제도 아들이 없었다. 서태후는 끝없는 권력 유지를 위해 광서제의 세 살 난 조카 부의를 황제(선통제)로 지정했다. 청의 마지막 황제였던 부의의 친부는 재풍으로, 혁현의 다섯 번째 아들이다.

하지만 영원한 권력을 꿈꾸었던 '철의 여인' 서태후도 이길 수 없는 게 있었으니, 바로 세월이었다. 산해진미로 차려진 자신의 생일잔치에서 과식으로 이질에 걸린 서태후는 광서제가 죽은 다음날 허망하게 죽었다. 당시 그녀의 나이는 73세였다. 아이러니하게도 서태후는 "다시는 나처럼 여인이 정사에 나서는 일이 없도록 하라"라는 유언을 남겼다.

춘왕푸의 일부인 중앙음악학원도 흥미로운 곳이다. 기존 왕부의 건물을 그대로 살려 교직원 숙소 등으로 활용하고 있어 옛 정취가 물씬 풍긴다. 잔디 관리가 잘된 사합원 내부 뜰은 축구장만큼 드넓다. 음악학원 캠퍼스는 중국 전통 건물과 서양식 건물의 조화가 절묘하다. 황금색 유리기와를 이고 있는 옛 건물은 궁궐처럼 웅대하고 주변에는 수백 년 된 아름드리 홰나무와 버드나무가 즐비하게 서 있다. 봄에는 목련과 해당화가 만발한다. 강의동은 대부분 현대식 건물이다. 강의동 곳곳에는 수준급의 공연을 알리는 안내문이 붙어 있다. 피아노학과 앞에 앉아 있으면 피아노 선율이, 바이올린학과 앞에 앉아 있으면 바이올린 선율이 귀를 행복하게 한다.

중국 최고 음대 중앙음악학원 캠퍼스

궁궐 같은 캠퍼스에서 피아노와 바이올린 소리를 듣는 느낌은 색다르다. 더욱이 이곳에서 태어난 광서제가 이모 서태후와 벌인 권력 투쟁을 상상하며 듣는 서양 악기의 선율은 이국적이면서도 감미롭다.

제 6 장

×

후통에서 쓰러진
아시아의 병자

×

중국인 출입금지!
열강의 거리 둥자오민샹

톈안먼 광장 중앙에 우뚝 선 인민영웅기념비 왼쪽에는 국가박물관
이 있고, 오른쪽에는 인민대회당이 있다. 국가박물관 남쪽 끝에서
시작해 동쪽으로 3킬로미터 가까이 길게 뻗어 있는 후퉁의 이름은
둥자오민샹東交民巷, 동교민항이다. 충원먼까지 이어지는 골목으로, 베
이징에서 가장 긴 후퉁이기도 하다. 이 후퉁과 대칭을 이루며 인민
대회당 남단에서 서쪽으로 쭉 뻗은 후퉁은 시자오민샹이라고 부른
다. 원나라 때부터 있었던 두 길은 애초 하나였는데, 도심을 바둑
판처럼 정비한 명대를 거치며 둘로 나뉘었다. 원나라 때는 이 도로
옆으로 운하가 흘렀다고 한다. 뱃길 곳곳에는 곡물 하역장이 있었
다. 때문에 도로 이름도 청조 이전에는 장미샹江米巷, 강미항이라고 불
렸다.

　명나라 때는 지금의 둥자오민샹에 해당하는 둥장미샹에 조정

6부 가운데 예부와 회동관이라는 부처가 들어섰다. 회동관은 조선, 베트남, 몽골, 미얀마 등 4개 주요 '번속국藩屬國'의 사절단이 머무는 곳이었다. 이 때문에 사이관四夷館이라고 불리기도 했다. 외교 거리의 시초인 셈이다. 청대 들어서도 이곳에는 외국 사절단이 40일 동안 머물 수 있는 사역관이 있었다. 조선 등 중국이 번속국으로 삼은 나라의 사절단이 황제를 알현하기 전에 대기하던 장소다. 이처럼 둥자오민샹은 중화 패권을 상징적으로 나타내는 곳이었다.

그러나 1860년 제2차 아편전쟁 패배 이후 이 거리는 치욕의 외교가가 됐다. 애로호 사건을 평계로 전쟁을 일으킨 영국을 필두로 프랑스, 미국, 러시아는 아편전쟁 승리 이후 맺어진 톈진 조약에 따라 앞다퉈 둥자오민샹에 영사관을 개설했다. 당시 주변에는 역대 청 황제의 형제들이 살던 왕푸가 즐비했는데 열강들은 저마다 맘에 드는 왕푸를 골라 영사관으로 사용했다.

이후 40년이 지난 1901년 서양 열강과 맺은 신축조약은 중국에게 더 치욕적이었다. 극단적인 서양 배척 운동인 의화단 사건을 진압하는 것을 빌미로 8개국 연합군이 베이징으로 들어와 맺은 신축조약은 사실상 국권 상실을 의미했다. 조약에 따라 청조는 열강들에게 둥자오민샹을 통째로 내주었다. 이곳에 있던 중국 관청은 모두 옮겨졌고 주민들도 강제로 이주됐다. 강아지는 출입할 수 있지만, 중국인은 출입할 수 없는 구역이 돼 버렸다. 황성(자금성)의 지근거리에 청조의 공권력이 미치지 않는 '외국인 천당'이 열린 셈이다.

열강의 국민들이 둥자오민샹에 물밀 듯이 밀려오면서 영사관은 물론 외자은행, 우체국, 병원 등이 속속 들어섰다. 1911년 신해혁명으로 청조가 멸망한 이후 들어선 군벌 북양정부에 대항하던 애국지사와 혁명가들은 군벌에 쫓기면 둥자오민샹으로 숨어들었다. 북양정부의 영향력이 미치지 않는 치외법권 지역이기 때문이었다. 이처럼 둥자오민샹은 '외국인 천국'과 쫓기는 자의 '피신처'라는 두 얼굴을 갖게 됐다. 주권을 잃고 쓰러진 제국의 필연적 아이러니였다.

이 후통 갑甲13호에 위치한 둥자오민샹 성당(성미카엘 성당) 역시 청조의 굴욕이 서린 곳이다. 베이징에 거주하는 한국인 천주교도

청말 프랑스가 지은 둥자오민샹 성당

들이 매주 일요일마다 미사를 드리는 곳이어서 한국 교포들에게도 익숙한 성당이다. 포교가 자유롭지 않은 중국에서는 외국인들이 종교 활동을 할 수 있는 공간이 제한돼 있다. 중국 정부가 한국 천주교도들을 위해 1주일에 한 번씩 임대해 주는 곳이 바로 이 성당이다.

성당 건축은 1901년에 시작해 1904년에 끝났다. 신축조약 이후 이주해 온 프랑스인들이 종교 공간을 요구했고, 프랑스 정부는 이 요구를 받아들여 예수회 자본으로 고딕 양식의 아름다운 성당을 건립했다.

현재 베이징에는 둥자오민샹 성당 외에 자금성을 중심으로 동당, 서당, 남당, 북당이 있다. 모두 서방 열강들이 건설한 성당으로 우리와도 인연이 깊다. 대표적 번화가인 왕푸징에 있는 동당은 독일 선교사이자 천문학자였던 아담 샬이 포교를 했던 곳이다. 아담 샬은 병자호란 때 볼모로 청나라에 잡혀 와 있던 소현세자와 사귀면서 천주교 교리와 천문학을 전해 준 인물이다. 남당은 중국에 처음으로 천주교를 전파한 이탈리아 선교사 마테오 리치가 건립한 성당이다. 북당은 한국 최초의 천주교 신자인 이승훈이 세례를 받은 성당으로 유명하다. 각 성당들은 한국 천주교 초기 인물들과 저마다 인연을 맺고 있어 천주교인들의 순례 코스로 각광을 받는다. 둥자오민샹 성당은 규모가 가장 작고 역사도 비교적 짧지만, 원형 그대로 보존된 유일한 성당이다.

둥자오민샹에는 1949년 중화인민공화국이 성립된 이후에도 각

서양 열강들의 영사관과 병영이 들어섰던 둥자오민샹

국 영사관이 그대로 남아 있었다. 특히 열강들이 영사관과 함께 자국 주민 보호를 명분으로 군대를 주둔시킨 병영이 문제가 됐다. 중국 인민해방군은 1950년 1월 6일 각국에 병영을 철거할 것을 명령했다. 자발적으로 떠나지 않으면 강제 퇴거할 것이라고 경고했다. 네덜란드, 영국, 프랑스는 병영 철수를 결정했지만, 미국 공사는 본부에서 아무런 지침을 받지 못했다며 끝까지 거부했다. 인민해방군은 결국 1월 16일 미군 병영 철거를 강제 집행했다. 중국 정부는 "해방 전 국민당 정부가 자본주의 각국과 체결한 수교는 모두 무효이고, 중화인민공화국과 새로 외교 관계를 수립하지 않는 한 아무런 외교적 특혜를 줄 수 없다"라고 밝혔다. 둥자오민샹에 남아 있던 각국의 외교 공관과 외교 시설은 1959년 산리툰 지역에 새로운 외교가가 조성되면서 모두 사라졌다. 문화대혁명 시기 둥자오민샹은 '반띠루反帝路, 반제로'로 불렸다. 홍위병들이 서양 제국주의를 반대한다는 의미를 도로 이름에 새겨 넣을 정도로 치욕이 서린 거리다.

군벌들의 쟁투,
창난 후통

청나라 말기 중국이 외세에 시달리며 근대 국가를 수립하지 못한 주요 원인 중 하나는 군벌에 의한 국력 분열이었다. 1911년 신해혁명으로 봉건왕조인 청조가 무너졌지만, 실질적인 무력은 전국 각지에서 할거했던 군벌의 수중에 있었다. 군벌은 농민과 상인들을 수탈하고 아편 무역과 외국 차관 등으로 각자의 왕국을 건설했다. 조정이 망할 때까지 어린 황제들을 내세워 수렴청정에 나섰던 서태후와 신해혁명을 이끈 쑨원도 군벌들에게 손을 벌리지 않을 수 없었다.

특히 중국의 운명을 좌우한 군벌은 베이징을 차지하려고 다퉜던 북양군벌들이다. 서양 열강들도 쑨원이 난징에 세운 중화민국 정부보다 북양군벌들이 베이징에 세운 북양정부를 공식 정부로 인정할 정도였다.

북양군벌의 시초는 위안스카이다. 쑨원의 혁명군이 우창봉기를 일으켜 조정을 압박해 오자 청 황실은 북양군이라는 신군을 보유한 위안스카이에게 손을 내밀었다. 위안스카이는 쑨원과 서태후 사이에서 줄타기하며 최대한 권력을 키웠다. 그는 쑨원에게 협조하는 조건으로 중화민국 대총통 자리를 넘겨받았다. 여기에 머물지 않고 황제 자리를 다시 부활시켜 스스로 황제가 됐다. 1916년, 중화민국 탄생 5년 만에 생겨나 민중의 반발로 83일 만에 막을 내린 '홍헌洪憲제국'이 바로 위안스카이가 세운 황제국이다.

위안스카이가 역사의 전면에 등장할 수 있었던 결정적인 계기는 1882년 조선에서 일어난 임오군란이었다. 위안스카이는 임오군란을 진압하고 주동자로 지목된 흥선대원군을 청으로 압송했다. 이후 조선의 내정과 외교를 주무르며 권력의 핵심부로 진입했다. 1894년 청일전쟁에서 청이 대패한 이후에는 즈리直隷, 직례성 안찰사가 됐다. '직례'는 '직접 통치한다'라는 뜻으로 황제의 통치권이 직접적으로 닿는 곳을 말한다. 베이징을 둘러싼 허베이성•이 옛 즈리성이다. 이곳에서 위안스카이는 권력의 원천인 신군을 양성했다. 신군은 위안스카이가 평생 권력을 누릴 수 있었던 원동력이 됐

• 한국으로 치면 경기도

다. 그의 뒤를 이어 북양정부를 이끈 돤치루이段祺瑞. 단기서, 펑궈장馮
國璋. 풍국장 등도 위안스카이가 즈리성에서 키운 부하들이다.

1908년 푸이(부의)가 세 살의 나이로 황제에 오르고, 부의의 아
버지인 재풍이 섭정왕이 돼 위안스카이를 정계에서 은퇴시켜 잠
시 위기를 맞았다. 그러나 1911년 10월 신해혁명이 발발하자 황실
은 위안스카이에게 혁명파 진압을 부탁했다. 위안스카이는 무너지
는 조정의 무능력과 아직 군대로서의 틀을 갖추지 못한 혁명군의
약점을 동시에 간파했다. 1912년 1월 1일 쑨원을 임시 대총통으로
하는 난징정부(중화민국)가 수립되자 청조의 전권을 위임받은 위안
스카이는 혁명군과의 전투를 피하고 화평에 나섰다. 위안스카이는
청 황제를 퇴위시키는 조건으로 쑨원으로부터 대총통의 지위를 이
양받고, 3월에 정식으로 대총통에 취임하여 베이징 정부(북양정부)
를 조직했다. 혁명파는 국민당을 창립해 의회정치로 나아가려 했
으나, 위안스카이는 혁명파를 무력으로 탄압하고 독재 체제를 구
축했다. 위안스카이는 산둥성의 독일 권익을 일본이 승계하는 것
을 허용하고 일본의 남만주 철도 운영권을 99년 더 연장하는 등 일
본의 21개 요구를 받아들이는 대신 일본이 자신의 황제 등극을 눈
감아 주도록 했다. 계획대로 황제에 올랐으나, 민중의 거센 반원 운
동과 영국 러시아의 반대로 권좌에서 내려왔다. 1916년 6월 5일
밤 권력의 화신이었던 위안스카이는 갑작스러운 요독증으로 사망
했다. 그의 나이 57세였다.

위안스카이가 죽자 북양군벌은 '즈리파'와 '안후이파'로 갈라지

며 할거 시대를 열었다. 즈리파의 영수는 펑궈장이었고 차오쿤曹錕,
조곤, 우페이푸吳佩孚, 오패부, 쑨촨팡孫傳芳, 손전방 등이 주요 인물이었다.
미국과 영국이 즈리파의 배후에 있었다.

안후이파의 영수는 돤치루이였다. 쉬수정徐樹錚, 서수쟁, 니쓰충倪
嗣衝, 예사충 등이 주요 인물이었다. 일본을 배후 세력으로 삼았다.

이와 별도로 북방에서는 장쭤린張作霖, 장작림이 동북 3성을 근거
지로 하는 펑톈파奉天派, 봉천파라는 신흥 군벌을 키우고 있었다.

위안스카이 사후 먼저 정권을 잡은 인물은 안후이파의 돤치루
이(1865~1936)다. 국무총리 겸 육군총장으로서 1916년부터 5.4 운동
이 일어난 1919년까지 실권을 잡았다. 돤치루이는 1917년 제1차
세계대전 참전을 둘러싸고 실권 없는 총통이었던 리위안훙黎元洪, 여
원홍과 소위 '부원지쟁府院之爭'이라고 일컫는 권력투쟁을 벌였다. 혼
란을 틈타 복고파 군벌 장쉰張勳, 장훈이 푸이를 황제로 복귀시키는
복벽에 나섰으나, 20일 만에 돤치루이에게 진압됐다.

돤치루이 정권도 위안스카이와 마찬가지로 국회를 해산하고
독재로 나아가려 했다. 그러자 쑨원이 2차 혁명군을 조직해 호법운
동에 나섰다. 돤치루이는 1914년 제1차 세계대전이 발발하자 독일
에 선전포고를 하면서 참전을 선포했고, 일본의 중국 진출을 허용
했다. 1919년 1월 중국은 전승국의 일원으로 파리 강화회의에 참
가해 산둥성에서 누리던 독일의 이권을 일본에 넘기는 평화협정
체결에 찬성하려 했다. 돤치루이 정부의 이런 친일 행보에 반발해
일어난 것이 바로 5.4 운동이다. 5.4 운동의 여파로 돤치루이 정부

위안스카이에 이어 대권을 거머쥔 돤치루이의 고택

는 동력을 잃었다. 이 틈을 이용해 즈리파가 1920년 이른바 '안직
전쟁'*을 벌여 정권을 거머쥐었다. 돤치루이는 정계은퇴 후 톈진으
로 떠났다.

　돤치루이는 중국 근대화를 정체시킨 장본인이지만, 탐욕스럽
고 사악했던 다른 군벌과 달리 비교적 청렴했다는 평가를 받는다.
그가 정계은퇴 후 총통이었던 리위안훙에게 빌린 7만 위안을 갚지
못해 소송까지 당한 사실은 청렴성을 간접 증명하기도 한다.

● 안후이파와 즈리파의 전쟁

군벌들이 쟁투를 벌였던 창난 후통

돤치루이가 생전에 유일하게 장만했던 집은 둥청구의 후통 밀집 지역인 둥쓰에 있는 창난倉南, 창난 후통 5호다. 지금은 퇴역 장군들의 아파트 단지로 개조돼 있다. 북양정부를 장악했던 군벌의 옛집이 인민해방군 퇴역 장군들의 아파트로 변했다는 점이 흥미롭다. 일본이 베이징을 장악했던 시기에는 일본 정보기관이 들어서 있었고, 항일전쟁 승리 직후에는 국민당 국방부가 들어서 있었다. 군벌 수장이 살았던 창난 후통 5호에는 어쩔 수 없이 무력武力의 기운이 흐르는 듯하다.

돤치루이는 술, 담배, 호색, 도박, 치부, 접술을 멀리해 '육불총리六不总理’라는 이름을 남겼다. 돤치루이에게는 나이 어린 첩이 있었다. 그 처자가 동침을 거부해 원인을 알아보니 사랑하는 사람이 따로 있었다. 돤치루이는 마치 딸을 시집보내듯 정성스레 혼수를 장만해 시집을 보냈다. 정권을 장악했던 시기 수많은 군벌들이 선물을 보내왔으나 받지 않았다. 그가 어쩔 수 없이 받은 선물은 펑톈파의 우두머리였던 장쮀린이 보낸 물고기 두 마리와 여러 군벌 계파를 옮겨 다니며 권세를 누렸던 펑위샹이 보낸 호박 한 개가 다였다고 한다. 불심이 깊어 집에 불당을 차려 놓고 매일 염불했다고 한다. 채식을 주로 했던 돤치루이는 스스로를 ‘정도거사正道居士’라 칭했다. 친일파였으나, 말년인 1931년 9월 18일 일본이 일으킨 만주사변 이후에는 일본인과의 교류를 끊었다.

만주군벌 황태자 장쉐량과
반일 군벌 우페이푸

1920년 ‘안직전쟁’에서 승리한 즈리파(직례파)는 돤치루이로부터 북양정부의 실권을 넘겨받았다. 펑궈장이 이끄는 즈리파는 안후이파와 달리 쑨원이 이끄는 광둥의 호법군 토벌에는 관심이 없었다. 대신 호법군과 협상을 통해 북양정부의 정당성을 인정받는 쪽에 무게를 뒀다. 동북 3성을 근거지로 하는 펑톈파와 협력해 베이징 정부를 장악했으나, 얼마 지나지 않아 남하하는 펑톈파와 갈등을 빚었다. 1922년 제1차 직봉전쟁[*]에서는 즈리파가 겨우 승리했으나, 1924년 제2차 직봉전쟁에서는 펑위샹馮玉祥, 풍옥상(1882~1948)의 배신으로 펑톈파에 패배했다.

즈리파의 몰락을 부른 펑위샹은 전형적인 '철새' 군벌이다. 애초 안후이파였다가 즈리파로 변신한 뒤 펑톈파로 옮겨 탔다. 펑톈파의 우두머리 장쭤린이 제대로 대접을 하지 않자 장쭤린 타도 운동을 벌이기도 했다. 이후 국민당에 입당해 장제스의 북벌에 협력했다. 그러나 장제스가 독재의 길로 나아가자 반장(반장제스) 운동을 이끌며 공산당으로 전향했다.

펑위샹만큼이나 변신을 잘한 인물이 또 있으니, 펑궈장 이후 즈리파의 새 우두머리가 된 우페이푸吳佩孚(1874~1939)였다. 위안스카이의 심복이었던 차오쿤을 따라다니던 우페이푸는 신해혁명 진압에 나섰다. 1917년 7월 장쉰이 푸이를 황제로 복위시키자 토역군討逆軍의 선봉에 서서 돤치루이를 도와 장쉰 군대를 토벌했다. 그러나 광둥성에서 일어난 쑨원의 호법군護法軍을 진압하던 와중에는 갑자기 화평을 주장하는 성명을 발표해 돤치루이로부터 노여움을 샀다. 1919년에는 5.4 운동을 지지하는 성명을 발표해 돤치루이와 완전히 결별했다. 1920년 안직전쟁 때 펑톈파를 끌어들여 안후이파를 궤멸시키고 즈리파와 펑톈파가 공동으로 베이징 정부를 구성하는 데 결정적인 역할을 했다. 1922년에는 펑톈파와의 제1차 직봉전쟁

• 즈리파와 펑톈파의 전쟁

에서 승리해 베이징 정부를 독식하게 됐다. 이후 남방의 쑨원과 합작하는가 싶더니 1923년에는 징한철도● 파업을 잔인하게 진압했다. 이를 '2.7 참안'이라고 부른다. 변신과 이합집산으로 권력을 유지하던 우페이푸는 1924년에 발발한 제2차 직봉전쟁에서는 펑위샹이 배신하는 바람에 대패해 펑톈파에게 권력을 넘겨줘야 했다.

우페이푸가 1939년 사망할 당시까지 살았던 곳은 베이징의 중심축 역할을 하는 도로 중 하나인 둥쓰스티아오 서쪽 스진화위위안什錦花園. 십금화원 후통 23호이다. 스진화위안 후통은 청말 민국 초기 고관대작과 군벌 등이 많이 모여 살아 '풍운아들의 집결지'라고 불렸다. 지금은 고택들이 대부분 헐렸다. 23호 역시 예전의 모습을 좀처럼 찾기 어렵지만, 드넓은 대지와 우람한 고목은 여전해 우페이푸의 위세를 가늠케 한다. 우페이푸의 손자가 1950년대에 이 저택을 팔았다고 한다. 이후 중국 공산당 중앙군사위원회 민항국, 국가계획위원회 종합운수연구소 등으로 쓰이다가 지금은 도시관리 감독센터가 들어서 있다. 23호 대문 안에는 '국태민안國泰民安'이라고 쓰인 거대한 영벽影壁이 있다. 우페이푸가 직접 쓴 글씨다. 영벽은 문밖에서 집안이 들여다보이는 것을 방지하는 사합원 특유의 가림막이다.

우페이푸 역시 중국 근대화를 가로막은 군벌 중 한 명이었지만, 그의 반일 정신은 평가를 받고 있다. 1931년 만주사변이 일어나자

● 베이징~한커우 노선

장쉐량에 이어 우페이푸가 살았던 고택

만주국을 일본 괴뢰정부로 여기고 일제의 침략 야욕을 강하게 비
판했다. 1939년 12월 우페이푸는 베이징에서 물렁한 물만두를 먹
던 중 치통을 느껴 일본인 치과의사에게 이를 뽑아 달라고 했다.
그러나 치과 치료를 받던 중 사망했다. 이를 두고 그가 일본에 의
해 모살됐다는 설이 있다.

안후이파와 펑톈파는 일본과의 협력을 통해 권력을 유지했지
만, 우페이푸가 이끄는 즈리파는 중국내 반일 정서를 적극 활용했
다. 우페이푸는 5.4 운동 지지 성명에서 "계란으로 바위를 치는 학
생들의 모습이 가엽고도 숭고하다"라고 썼다. 안후이파인 돤치루
이 정부가 파리 평화협정에 사인하려고 하자 우페이푸는 군벌 지

도자 61명에게 일일이 전보를 쳐서 부당함을 호소했다. 일각에서는 영국, 프랑스, 미국을 우방국으로 삼기 위해서는 어쩔 수 없이 평화협정에 사인해야 한다고 주장했으나, 우페이푸는 "국가의 절대권리를 포기하면서 얻을 수 있는 우방은 없다"라고 잘라 말했다.

일제는 스진화위안 후통 23호에서 칩거한 우페이푸를 끌어내 중국과 일본이 화합하는 장면을 연출하고 싶어 했다. 특히 일제는 1939년 2월 우페이푸가 참석한 외신 기자회견에서 "우페이푸가 중일 화합 성명을 발표할 것"이라고 일방적으로 발표했다. 그러나 막상 우페이푸는 기자회견에서 성명서는 날조된 것이라면서 "일본과 중국의 화합은 중국에서 일본군이 철수할 때에만 가능하다"라고 말해 일본 기자들을 당황케 했다.

스진화위안 23호는 우페이푸가 살기 전에는 펑톈파와 관련이 깊은 곳이었다. 동북 3성을 사실상 지배하는 펑톈파의 황태자 장쉐량(1898~2001)이 거액을 들여 이 집을 수리해 펑톈파의 주요 거점으로 삼았다. 펑톈파는 만주를 기반으로 한 군벌이었기에 다른 두 군벌과는 달리 마적단에 뿌리를 두고 있었다. 반면, 안후이파와 즈리파는 위안스카이가 톈진에서 양성한 북양군이 모태가 됐다.

펑톈파를 창설한 이는 마적단 출신 장쭤린(1873~1928)이다. 장쉐량은 장쭤린의 아들이다. 장쭤린은 신해혁명 당시 동북지역의 혁명군을 진압하고 지역 군권을 장악했다. 위안스카이의 황제 취임을 묵인해 주는 대가로 헤이룽장, 지린, 랴오닝 등 동북 3성의 총독직을 얻었다. 베이징 정부 장악을 노리던 장쭤린은 안후이파와 즈리파 양쪽을 오가며 줄타기를 했다. 즈리파와의 두 차례 전쟁에서 이겨 군벌 중 마지막으로 베이징을 장악했다.

북방의 펑톈파가 베이징 정부까지 장악하자 난징 정부의 장제스는 본격적인 북벌에 나섰다. 북벌군이 파죽지세로 산둥성 지난까지 진격하자 장쭤린은 일본군에게 북벌군 방어를 부탁하고 만주로 귀환하기로 결정했다. 1928년 6월 4일 장쭤린을 태운 특별 열차가 선양에 도착하기 직전 만철선과 교차하는 지점에 이르렀을 때 굉음과 함께 열차가 폭파되고 장쭤린이 사망했다. 일본이 친일파 군벌인 장쭤린을 폭사시킨 것은 동북 3성을 혼란에 빠뜨린 뒤 이 지역을 완전 장악하려는 일본 관동군의 음모에서 비롯됐다. 이는 3년 뒤 일본이 일으킨 만주사변의 전주곡이었다.

장쭤린의 아들 장쉐량은 급보를 듣고 베이징에서 선양으로 달려와 펑톈파의 후계자가 됐다. 장쉐량은 아버지를 죽인 원흉이 일본 군부라는 점을 알고 일본과의 관계를 정리한 뒤 국민당의 난징 정부에 합류했다. 이로써 군벌 시대는 사실상 막을 내렸다.

만주사변 이후 일본은 만주를 대부분 점령했다. 근거지를 잃은 장쉐량은 장제스의 지시에 따라 공산당을 공격하는 데 주력했다. 공산당은 국민당과 장쉐량 군대의 합동 작전으로 세력이 급격히 위축돼 서북쪽으로 2만 5,000킬로미터나 후퇴하는 '대장정'에 돌입했다. 1935년 공산당의 대장정이 시안까지 이르자 장쉐량은 시안의 중공 근거지를 포위했다.

1936년 12월 장쉐량은 전쟁 독려차 시안을 찾은 장제스에게 별안간 공산당과의 전쟁을 중지하고 항일운동을 전개할 것을 요청했지만, 거절당했다. 이에 장쉐량은 당 현종과 양귀비가 놀았던 화청지華淸池에 머무는 장제스를 습격해 감금해 버렸다. '시안사변'이라고 불리는 이 사건은 궤멸 직전의 공산당을 부활시켰다. 장쉐량은 공산당 대표 저우언라이周恩來. 주은래, 국민당 대표 쑹쯔원宋子文. 송자문과 협의해 항일민족통일전선을 결성하기로 했다. 제2차 국공합작의 시작이었다. 하지만 시안사변으로 장제스에게 노여움을 산 장쉐량은 동북군에 대한 지휘권을 잃었고, 10년의 금고형에 처해졌다. 장제스는 1949년 공산당에 패해 대만으로 떠날 때도 장쉐량을 데려갔다. 장쉐량의 연금은 1990년 6월 1일 92번째 생일에서야 비로소 풀렸다. 1995년에 하와이로 건너간 풍운아 장쉐량은 2001년 사망했다.

푸이를 다시 황제로!
무모했던 복벽

독립 운동가이자 민족 시인이었던 이육사 선생이 쓸쓸하게 숨진 둥창 후통 바로 옆에 붙어 있는 추이화翠花. 취화 후통은 중국인과 한국인에게 모두 뜻 깊은 골목이다. 1920년 4월 한국의 독립 운동가들은 추이화 후통에 모여 무장독립투쟁을 벌이기 위해 '제2회보합단'을 결성했다. 단장 박용만, 부단장 김창숙, 내임장 신채호, 군임

조선 독립운동가, 신해혁명 주력군, 군벌이 섞여 활동했던 추이화 후통

장 노백린으로 구성됐다. '제2회보합단'은 군사독립운동의 지휘본부인 '대한민국 군정부'를 자처했다. 이들은 또 그해 9월 '북경군사통일회'도 조직했다. '북경군사통일회'는 배달무를 남만주, 남공선을 북만주에 파견해 만주 독립군의 통합을 추진했다.

추이화 후통에서 가장 돋보이는 저택인 '추이위안翠園, 취원'은 명대 특무기관인 둥창의 본부 건물이었고, 청 말기에는 직례총독을 지낸 룽루의 저택이었다가 임시대총통을 지낸 리위안훙의 거처로도 사용됐다.

추이위안 옆에 있었다가 지금은 사라진 추이화 후통 9호는 1917년 청나라의 마지막 황제 푸이를 다시 황제로 올린 '복벽復辟' 사건의 주동자였던 군벌 장쉰이 살던 집이다. 장시성 출신 장수인 장쉰은 1884년 중불전쟁에 참전해 공을 세웠고, 위안스카이를 따라 산둥성으로 출동해 의화단을 진압했으며, 1901년 베이징 황궁 수비를 맡아 서태후와 광서제를 수행했다.

1911년 쑨원이 이끈 신해혁명이 발발하자 청 왕조는 장쉰에게 난징을 사수하라는 명령을 내렸다. 그러나 장쉰의 군대는 쑨원의 혁명군에게 패하고 쉬저우로 후퇴했다. 장쉰 군대는 만주족 변발을 끝까지 유지해 사람들은 그의 군대를 '변자군辮子軍'이라고 불렀다.

중화민국 설립 초기였던 1917년에는 의회를 해산하는 문제로 총통이던 리위안훙과 국무총리 돤치루이가 대립하는 소위 '부원지쟁府院之爭'이 벌어졌다. 리위안훙은 돤치루이를 전격 해임했고, 돤치루이는 톈진으로 가서 각 성의 도독으로 있던 자신의 부하들을 소집해 무력시위를 벌였다. 위기에 몰린 리위안훙은 장쉰에게 중재를 부탁했다. 장쉰은 이를 계기로 '변자군' 3,000명을 이끌고 다시 베이징으로 입성하는 기회를 잡았다.

장쉰은 리위안훙을 돕지 않고 자금성으로 곧장 들어가 자칭 '어전회의'를 열고 선통제(푸이)의 복위와 청조의 재건을 전격 선포해 버렸다. 중화민국이 추진하고 있던 공화제를 일거에 전제왕정으로 되돌리는 '복벽'을 단행한 것이다.

복벽 소식이 알려지자 전국은 반대 목소리로 들끓었고, 쑨원은 상하이에서 이를 반역으로 규정했다. 각 성의 혁명 당원에게 복벽군을 토벌할 것을 명령했다. 장쉰은 부랴부랴 리위안훙에게 복벽에 협력할 것을 요청했으나 거절당했다. 장쉰은 급히 일본대사관

으로 피신했다. 리위안훙과 대립각을 세우던 돤치루이는 혼란을
틈타 톈진에서 군사를 일으켜 베이징으로 진격했다. 돤치루이 군
대는 단숨에 장쉰 군대를 격파하고 푸이의 퇴위를 다시 발표했다.
돤치루이는 자금성을 장악하고 베이징 정부를 완벽하게 손아귀에
넣었다.

목숨을 겨우 건진 장쉰은 자신의 집이었던 추이화 후통 9호로
숨었다. 공화군(혁명군)과 돤치루이 군대는 장쉰의 집에서 가까운 베
베이징대학 옥상에 대포를 설치하고 무차별 포격했다. 대저택은
대포알을 맞고 완파됐다. 지금 추이화 후통에서 9호를 찾을 수 없
는 이유다.

집에서 빠져나온 장쉰은 외국 대사관 밀집 지역이었던 동자오
민샹의 네덜란드 대사관으로 피신했다. 이후 1918년 신임 총통에
오른 쉬스창徐世昌, 서세창은 장쉰을 사면했다. 1919년 5.4 운동이 발
발하자 장쉰은 5.4 운동을 이끈 애국 학생들을 지지했다. 1923년
9월 12일 장쉰이 70세로 사망하자, 그에 의해 잠시나마 황제로 복
귀했던 푸이는 시호를 내리고 조문했다.

추이화 후통 27호도 역사적으로 중요한 집이다. 1925년 당시
국민당 베이징 시당 건물로 쓰였다. 쑨원은 이때 이곳에서 공산당
지도자 리다자오, 위수더, 차이허썬과 국민당 지도자 루유위, 왕파
친 등과 함께 국공 협력을 지휘했다.

무장투쟁을 주도했던 조선의 열혈 독립운동가, 민주공화제 건
설을 원했던 신해혁명의 주력군, 봉건제와 공화제를 오가며 권력

을 거머쥐려 했던 군벌들, 그 혼돈이 뒤엉켰던 곳이 바로 추이화
후퉁이다.

미치광이 혁명가 장빙린의
위안스카이 습격 사건

청말 민국초기 사상가이자 대학자, 혁명가인 장빙린章炳麟, 장병린(1868
~1936)은 ㄱ의 호를 따 장타이옌章太炎 또는 장펑즈瘋子로도 불린다.
펑즈는 미치광이라는 뜻이다. 쑨원, 황싱黃興, 황흥과 함께 혁명삼존
革命三尊으로 불릴 정도로 신해혁명에 큰 역할을 했다. 기행을 일삼
는 데다 적과 우군을 가리지 않고 던지는 거침없는 독설로 미치광
이라는 별명을 얻었다. 특히 공화주의 혁명 기운을 단번에 반혁명
으로 바꾼 위안스카이에게 장빙린은 절대 만나고 싶지 않은 무서
운 미치광이였다.

　1911년 신해혁명 이후 쑨원과 잠시 타협을 한 위안스카이는
1912년 2월 15일 쑨원의 양보로 임시 참의원에서 임시대총통에
선출됐다. 당시 제정된 임시 약법에 따라 정식으로 대총통을 뽑아
야 하는데, 국민당의 2인자이자 내각책임제를 부르짖는 공화주의
자 쑹자오런宋敎仁, 송교인의 인기가 하늘을 찌를 듯했다. 위기를 느낀
위안스카이는 1913년 3월 당시 국무총리인 자오빙쥔趙秉鈞, 조병균을
시켜 쑹자오런을 암살케 한 뒤 정식 대총통에 올랐다. 이후 국민당

을 해산시켜 국회를 정지시키고 황제가 되려는 야욕을 불살랐다.

장빙린은 1914년 1월 엄동설한에 누더기 옷을 입고 상하이에서 베이징 총통부 건물에 도착했다. 손에는 부채가 들려져 있었고, 부채 손잡이에는 훈장이 대롱대롱 매달려 있었다. 장빙린이 한때 위안스카이를 지지한 적이 있는데, 그때 위안스카이가 준 훈장이었다. 장빙린은 "위안스카이 이놈 당장 나오라"라며 고래고래 소리를 질렀다. 위안스카이는 무시 작전으로 일관했다. 논리적으로나 명분으로나 목청으로나 장빙린을 이길 재간이 없었기 때문에 장빙린을 만나는 것 자체가 손해였다. 장빙린은 매일 총통부로 찾아와 초대소의 집기를 때려 부쉈다. 인내심에 한계를 느낀 위안스카이는 미치광이는 가둘 수밖에 없다며 용천사라는 절에 구금했다. 얼마 뒤 첸량 후통의 한 사합원에 연금시켰다.

장빙린은 위안스카이가 급사한 1916년 3월까지 첸량 후통 19호에서 가택연금을 당했다. 첸량 후통은 명나라 때 화폐를 주조하던 골목이다. 19호는 상당히 큰 사합원으로 내부로 들어가면 다시 몇 갈래의 비좁은 골목이 나오고 골목마다 방들이 다닥다닥 붙어 있다. 중화인민공화국 건설 이후 마오쩌둥이 중공업 육성을 위해 베이징이공대학● 개교를 명령했는데, 학교 건물이 완공될 때까지 학생들은 이곳 19호에서 공부했다. 현재 19호 사합원에는 63가구 150여 명이 살고 있다.

● 옛 이름 자연과학원

위안스카이가 장빙린을 가택연금시켰던 사합원

　중국 근대사에서 장빙린처럼 여러 얼굴을 가진 인물도 드물다. 우선 그는 고증학의 대가였으며, 정치학, 불교학, 전통유학, 역사학, 철학, 음운학 등에서 상당한 업적을 남겼다. 그의 저서가 너무 어려워 중국학자들도 제대로 해석하지 못하는 게 많다고 한다. 장빙린은 조선어에도 관심을 가졌다. 그가 쓴 음운학 서적에는 "오늘날 조선어 음운의 뼈대는 한대의 음이고, 이후 당나라 음과 조선의 토착어 및 외래어가 더하여져 이뤄졌다"라고 나온다.

　장빙린의 수많은 제자 가운데 가장 탁월한 인물은 중국의 대표작가 루쉰이다. 루쉰은 "장빙린에 대한 온갖 평가가 있지만, 나는 혁명가 장빙린을 첫 번째 위치에 놓고 싶다"라고 말했다. 루쉰의

조용한 첸량 후통에서 주민들이 한가롭게 장기를 두는 모습

평가대로 장빙린은 청나라의 절멸을 주장하고 인간의 절대 자유를 외치는 등 무정부주의적 성향을 보이는 급진 혁명가였다. 동시에 지독한 중화주의자이자 국수주의자의 면모도 보였다. 그는 중국을 세상의 중심에 놓고 주변국을 번속국으로 보는 화이사상華夷思想에 입각해 중화민족의 우월성을 강조하는 종족혁명種族革命을 주장하기도 했다.

장빙린은 "만주 왕조는 객제客帝, 즉 손님이므로 몰아내야 하고 주인인 한족이 다시 권력을 잡아야 한다"라고 외쳤다. 이 때문에 청조를 유지하면서 입헌군주제 이행을 주장한 유신파의 거두 캉유웨이와 마찰을 빚었다. 서구식 공화주의에 방점을 찍은 쑨원과도 결이 달랐다. 다만, 쑨원 역시 중화주의적 색채가 짙어 장빙린이 제안한 '중화민국'을 국호로 수용했다. "오랑캐를 몰아내고 민국을 건립하자"라는 쑨원의 혁명 구호 역시 장빙린이 창안한 것이다.

장빙린과 쑨원의 배만排滿(만주 배척)주의 때문에 근대 국가를 지향하던 신해혁명이 한족만의 국가를 다시 건설하려는 모순에 빠져든 측면이 있다. 청나라를 세운 만주족은 한족 왕조를 무너뜨리고 종족 간 차별 정책을 쓰긴 했지만, 한족 황실의 전통을 대부분 계승해 한족과의 일체화에 공을 들였다. 특히 청은 자기 민족의 언어를 버리고 한족의 언어를 택하기도 했다. 이렇게 하지 않고서는 거대한 중국을 통치할 수 없었다. 고대 유학경전을 집대성하는 작업인 『사고전서』 완성에서 볼 수 있듯이 만주족 황제는 한족이 이룩한 사상과 문화를 더 발전시키려고 노력했다.

그러나 만주족에 대한 복수심을 주요한 혁명 동력으로 삼은 신해혁명은 민족 융합이 아닌 만주족과의 결별을 선언함으로써 민족분열과 대결을 재촉했다. 실제로 신해혁명 직후 티베트와 몽골이 독립을 선언하는 등 각 성별로 독립 기운이 거세게 일었다. 특히 마지막 황제 푸이가 일본이 세운 만주 괴뢰국의 황제 자리를 수락한 것은 한족 우월주의의 발흥에 대한 만주족의 최후의 반발이라고 볼 수도 있다. 봉건왕조를 붕괴시킨 신해혁명은 이처럼 한계도 뚜렷했다. 공산당이 사회주의 혁명에 성공해 유사 이래 가장 넓은 국토를 통합하고 사회주의 이념으로 민족주의적 분열을 겨우 봉합했지만, 한족과 55개 소수민족의 민족주의는 여전히 중국의 통일성을 위협하는 가장 위험한 뇌관으로 남아 있다.

신문 발상지에서
기자정신을 되새기다

신문기자인 필자가 다녀 본 베이징 후통 가운데 가장 인상적인 곳 중 하나가 웨이란魏染. 위염 후통이다. 관광객들이 넘쳐나는 류리창 거리 서쪽 끝에서 발견한 이 후통에는 중국 신문의 역사를 생각할 수 있는 단초가 있다.

웨이란 후통의 이름은 명나라 시기 웨이(위)씨 성을 가진 일가가 이곳에서 옷감 염색 공장을 열어 민중들도 고운 색깔의 옷을 입을 수 있도록 해준 데서 유래했다. 이 후통을 조금 걸어 내려가면 주변 전통 가옥과는 전혀 어울리지 않는 2층의 서양식 벽돌 건물이 보인다. 후통 30호에 자리 잡은 이 건물은 지은 지 오래돼서 그런지 서양식이라고는 하지만 전통식 민가보다 더 낡았다. 건물 오른쪽 벽에는 京(징. 경)이라는 글자가 붙어 있다. 옆에 붙었던 다른 글자가 떨어져 나간 것을 그대로 방치한 상태인데, 떨어져 나간 글자는 報(바오. 보)이다. '징바오'는 군벌 정권 당시 베이징에서 가장 진보적인 최고 유력지였다.

지금 베이징에서 발행되는 지역신문 가운데 최고 유력지는 「신징바오新京報. 신경보」다. 군벌에 의해 폐간된 「징바오」의 뜻을 잇겠다

진보지 징바오의 옛 건물이 허름하게 방치돼 있다.

는 창간 취지가 제호에 그대로 묻어난다. 「런민르바오人民日報, 인민
일보」가 중국 공산당 중앙위원회 기관지라면, 「신징바오」는 공산당
베이징시위원회 기관지다.

대문 옆에는 가지런한 행서체로 징바오관京報館, 경보관이라고 새
긴 표지석이 있다. 내부에 들어가 보니 1층과 2층에 작은 방들이
다닥다닥 붙어 있었다. 각 방마다 사는 사람이 다른 듯 보였다. 신
문사로 쓰이던 시절에는 2층에는 편집국이, 1층에는 인쇄소가 있
었다고 한다. 1, 2층을 연결하는 나무 계단은 어찌나 낡았는지 오
를 때마다 삐거덕 소리가 났다. 마감 시간에 임박해 탈고된 원고를

들고 나무 계단을 뛰어다녔을 옛 기자들의 모습이 그려졌다.

「징바오」를 창간한 인물은 중국 기자정신의 상징으로 추앙받는 사오피아오핑邵飄萍, 소표평(1886~1926)이다. 그는 신문사와 통신사를 설립해 취재기자, 편집기자, 주필, 사장 등을 두루 거쳤다. 스트레이트, 박스, 논설, 사설, 비평 등 다양한 형태의 신문 글쓰기의 전형을 일군 인물이다. 군벌 정부에 일격을 가한 5.4 운동의 발기인이었던 사오피아오핑은 중국 신문 이론의 개척자이기도 했다. 14세 때 수재秀才에 합격한 이후 저장성 고등학당에 들어가 공부했다. 졸업 후인 1918년 10월 「징바오」를 창간했다. 사오피아오핑은 창간 2년 전부터 웨이란 후통 30호에서 살고 있었다. 창간 이후에는 아예 이곳을 신문사 편집국으로 사용했다. 그는 햇볕이 잘 들어오는 곳은 일선 기자들에게 내주고 본인은 어두침침한 북향 방을 썼다고 한다.

사오피아오핑은 「징바오」의 사시를 '위민청명爲民請命, 감독정부監督政府'로 정했다. '민중을 대표해 청원하고, 정부를 감시한다'는 뜻이다. 「징바오」에는 군벌들이 외세에는 굴욕적이면서 민중을 수탈하고 권력 쟁투에만 골몰하는 상황을 신랄하게 비판하는 기사들이 넘쳐났다. 1926년 북양정부에서 실권을 행사하던 펑톈파 군벌의 우두머리 장쭤린에 의해 베이징 톈차오에서 살해된 것은 어쩌면 필연이었다.

1923년 2월 7일 북양정부의 즈리파 군벌 우페이푸와 차오쿤은 징한철도 노동자들의 대규모 파업을 무력으로 진압했다. 40여 명이 죽고 200여 명이 다쳤다. 이른바 '2.7 참안慘案'이다.「징바오」는 노동자 파업을 지지하는 기사를 계속 썼고, 사오피아오핑은 군벌정부의 유혈진압을 엄하게 꾸짖는 논설을 실명으로 썼다. 1923년은 마르크스 탄생 105주년이기도 했다. 이를 기념해「징바오」는 마르크스 사상 특집호를 내 무료로 뿌렸다. 1925년에는 영국 경찰이 상하이에서 중국 노동자 운동을 탄압한 '5.30 참안'이 일어났다.「징바오」는 영국과 일본 기업의 광고를 거절하고 애국주의 광고를 무료로 실었다.

「징바오」는 한국 독립운동가들의 활약도 적극적으로 보도했다. 1925년 3월 의열단과 다물단이 베이징에서 일제의 밀정 김달하를 처단하자 이를 대서특필했다. 징바오는 "김달하라는 자는 한국인이면서도 일본의 사냥개 노릇을 했다. 그는 한국 독립군의 비밀을 정탐하여 일본 특무기관에 보고하는 것을 직업으로 삼았다. 한국 독립군은 이런 사냥개를 죽여 후환을 없애려고 하였다"라고 보도했다.

1926년 3월 12일 즈리파 군벌 출신이지만, 국민군의 북벌에 참여한 펑위샹馮玉祥과 펑톈파 장쭤린 군대가 톈진에서 팽팽하게 맞설 때였다. 장쭤린 군대를 도울 목적으로 두 척의 일본 군함이 톈진 항으로 들어와 펑위샹 군대를 향해 포탄을 퍼부었다. 펑위샹 군대의 필사적인 반격으로 일본 함대가 물러갔지만, 일본은 이 공격을 신축조약 위반으로 규정하고 북양정부의 수장 돤치루이에게 톈진의 방어 시설을 모두 철거하라고 요구했다. 다른 열강들도 일본의 압박에 동참했다. 베이징 턱 밑에 있는 톈진항이 뚫리면 베이징 함락은 시간 문제였다. 국민당과 공산당은 물론 대학생들까지 총궐기에 나섰다. 3월 18일 시위행렬이 정부청사로 몰려들자 돤치루이는 발포를 명령했다. 시위대 47명이 사망한 '3.18 참안'이 발발한 것이다.

3.18 참안 이후 「징바오」의 논조는 더욱 격렬해졌다. 연일 특별호를 내어 군벌의 무력 진압과 친일 행위를 강력하게 비판했다. 민중들은 「징바오」의 정론직필에 환호했다. 펑위샹은 "피아오펑의 붓 한 자루가 총 10만 자루를 이긴다"라고 감탄했다.

사오피아오펑에 대한 장쭤린의 분노는 극에 달했지만, 민중의 높은 지지 때문에 선불리 제거할 수 없었다. 대신 장쭤린은 유화책을 썼다. 「징바오」에 거금 30만 위안을 보내 매수를 시도했다. 하지만 사오피아오펑은 돈을 즉시 돌려보냈다. 매수에 실패한 장쭤린은 사오피아오펑을 체포하기로 마음을 굳히고 현상금을 내걸었다. 사오피아오펑은 체포를 피해 열강의 영사관이 모여 있는 치외법권 지역인 둥자오민샹의 '6국반점'으로 숨었다. 6국반점은 영국, 프랑스, 미국, 독일, 일본, 러시아가 공동으로 출자해 지은 당시 최고의 호텔이었다.

분노가 머리끝까지 치민 장쭤린은 사오피아오펑의 친한 친구였던 다루바오大陸報, 대륙보의 사장 장한쥐張翰擧, 장한거에 접근해 은화 2만 냥과 조폐창 총감 자리를 준다는 조건으로 매수했다. 장한쥐는 사오피아오펑에게 "장쭤린도 열강의 눈치를 보느라 너를 쉽게 해

치지 못한다"라고 말했다. 또한 장쭤린의 아들이자 펑톈파 군벌 후계자인 장쉐량張學良, 장학량으로부터 "사오피아오핑의 죄를 묻지 않고 「징바오」를 안정적으로 발행할 수 있도록 하겠다"라는 약속도 받았다고 속였다.

사오피아오핑은 옛 친구의 말을 믿고 4월 24일 밤 6국반점을 나와 「징바오」 편집국으로 몰래 들어갔다. 기자들과 다음날 신문을 제작하고 나서 다시 호텔로 돌아가는 길이었다. 그를 미행하던 무장 경찰이 웨이란 후통 끝 모퉁이에서 급습했다. 그는 체포됐고, 「징바오」 편집국은 폐쇄됐다. 다음날 아침 체포 소식이 전해지자 언론계가 들끓었다. 13개 신문사 대표들이 장쉐량을 찾아가 제발 사오피아오핑을 살려 달라고 호소했다. 그러나 아버지로부터 사살 명령을 받은 장쉐량은 요지부동이었다. 장쉐량은 "내가 여러분들에게 매를 맞더라도 어쩔 수가 없다"라고 말했다. 결국 사오피아오핑은 1926년 4월 26일 새벽 4시 20분에 총살됐다. 그의 죄명은 붉은 국가 러시아와 내통한 죄, 적화(공산화)를 선전한 죄 등이었다. 총살 전 그는 사형 집행관을 향해 크게 웃은 뒤 "모두 나를 배웅하지 마시오"라고 말했다. 그의 나이 40세였다.

이처럼 사오피아오핑은 중국 언론의 사표로 부족함이 없다. 군벌과 일제에 대항하고 사회주의와 애국주의를 고취시킨 근대 언론의 개척자다. 그의 공을 따지자면 「징바오」 옛 건물을 국가 신문박물관으로 삼아도 될 것 같은데 아이러니하게도 흉물스럽게 방치되고 있었다.

방치되는 데는 이유가 있어 보였다. 공산주의 혁명 이후 중국의 언론은 진실을 추구하고 권력을 비판하는 언론 본연의 길을 걷지 못하고 있다. 당 사업을 선전하고 지도자의 활동을 홍보하는 사회주의 선전기관으로서의 역할만 할 뿐이다. 「징바오」 건물이 방치되는 것은 '민중을 대표해 청원하고, 정부를 감시한다'는 사오피아오펑의 기자정신이 부담스럽기 때문일 수도 있겠다. 하지만 언론의 감시를 받지 않는 권력은 내부 모순과 부패에 스스로 쓰러질 가능성이 크다. 겉으로는 아직 철옹성처럼 단단해 보이는 중국의 공산당 1당 지배 체제가 외부 관찰자의 눈에는 위태로워 보이는 것도 이 때문이다.

|마|치|는|글|

필자는 중국어 전공자도 아니고 중국학 전공자도 아니다. 1980년
대 후반 고등학교 때 제2외국어로 중국어를 살짝 접한 것을 빼고
는 학창시절에 중국 관련 학문을 체계적으로 배운 적이 없다. 중국
에 연수를 간 적도 없다. 1998년 기자가 됐지만, 중국과는 별로 상
관없는 분야만 취재했다. 중국에 대한 호기심과 관심은 컸으나, 가
끔 중국 관련 책을 읽는 것으로 만족해야 했다.

그러던 중 2011년 들어 중국 특파원에 한번 도전해 봐야겠다는
생각을 구체적으로 하게 됐다. 너도나도 중국의 중요성을 얘기했
지만, '미국의 상대국으로서의 중국' 수준을 넘어서지 못하는 게 아
쉬웠다. 한국인들이 역사 시간에 배운 중국은 대부분 1911년 신해
혁명 이전의 봉건 왕조였으며, 한국인들이 말하는 중국은 1992년
한중 수교 이후의 중국 경제에 관한 것이었다. 중화민국, 국공내전,
중화인민공화국 수립 등 중국 현대사는 많은 한국인들에게 공백
으로 남아 있는 것 같았다. 격동의 중국 현대사를 이해하지 못하면
현재 중국 사회와 중국인을 제대로 이해할 수 없다고 생각했다.

하지만 중국어를 못하는 상태에서 특파원을 갈 수는 없는 노릇
이었다. 회사 근처 중국어 학원 새벽반에 3년 반을 다녔다. 나이 들

어서 시작한 어학이라 그런지 단어 하나를 외우면 두 개를 까먹는 일이 다반사였다. 우여곡절 끝에 특파원으로 선발돼 2015년 1월부터 3년 6개월 간 베이징에서 살 기회를 얻었다.

특파원 생활은 예상과 많이 달랐다. 혼자서 기사는 물론 행정업무까지 모두 처리하다 보니 정작 현장 취재에 나서기가 버거웠다. 중국 언론과 서방 언론을 훑으며 그날 쓸 기사를 구상하고, 전화나 인터넷 검색으로 취재한 뒤 급하게 마감하는 일상이 계속됐다. 현장 취재는 북한 문제와 관련해 단둥 등 북중 접경 지역에 가거나 전인대가 열리는 인민대회당 등 중국 외교부가 허락하는 곳에 가는 게 고작이었다. 나름대로 의미 있는 인터뷰를 이따금 했지만, 대부분의 중국 취재원은 관변 학자들이었다. 현장을 탐구하러 왔는데, 사무실에서 벗어나지 못하는 나날이 이어지다 보니 한국에 있을 때보다 오히려 중국에 대한 갈증이 커졌다.

다행히 허난성에서 베이징으로 유학을 온 윈샤雲霞, 운하라는 박사과정의 대학원생을 알게 됐다. 이 학생과 특정 주제를 놓고 토론하며 중국어와 중국 문화를 좀 더 배울 요량이었다. 어느 날 답답한 특파원 생활에 대해 푸념을 늘어놓으니 윈샤는 '후퉁을 한번 연구해 보라'고 권유했다. 중국 체제 특성상 관료나 경제인 등을 외국 기자가 취재하기는 어려울 테니 유서 깊은 후통을 돌아다니다 보면 중국의 다른 면도 보게 될 것이라고 했다.

이후 필자는 토요일이면 공유 자전거를 타고 후통을 찾아다녔다. 평일 저녁에는 원샤와 함께 가볼 만한 후통에 대해 사전 조사를 한 뒤 업무가 없는 토요일마다 필자 혼자 4~5개 후통을 탐방했다. 탐방한 후통이 차곡차곡 쌓이자 기록으로 남기면 좋을 후통들이 자연스럽게 골라졌다. 그러나 본격적으로 책을 써야겠다는 생각이 들었을 때는 이미 귀임이 결정된 상태였다.

자료를 싸들고 한국에 오니 필자를 기다리는 건 중국과 전혀 상관없는 사회부 부장 자리였다. 그렇지만 책을 출판할 욕심을 버리지 않고, 지난 1년 동안 또 토요일마다 카페에 가서 글을 썼다. 중국어 문헌과 검색 자료를 해석하고 이를 다시 우리말로 풀어 쓰는 작업이 만만치 않았다. 일주일에도 중국 관련 책이 수십 권씩 쏟아지는데, 내가 쓴 책이 무슨 의미가 있을까하는 회의감도 들었다.

하지만 현장을 중시하는 기자가 베이징의 뒷골목을 다니며 본 중국의 여러 모습에 대해 쓰는 것도 의미 있는 일이라고 생각했다. 더욱이 조선의 선비들과 일제 강점기 항일 독립투사들이 거닌 길을 확인하고도 아무 기록도 남기지 않는다는 것은 기자의 자세가 아니라는 의무감도 생겼다. 비록 아마추어가 낸 어설픈 책이지만, 중국에 대해 호기심을 자극하는 소재가 됐으면 좋겠다. 더 욕심을 부리자면 중국으로 여행을 떠나는 분들 가방에 가끔은 꽂히는 책이 됐으면 좋겠다. 이 책이 모르고 가면 무심코 지나쳤을 여행길에서 신채호, 이회영, 김원봉, 이육사, 김산, 박지원 등의 자취를 느낄 수 있는 길잡이가 됐으면 좋겠다. 중국 정부조차 관심을 두지 않는 중국 현대사의 색다른 현장을 음미하는 책으로 활용되면 더욱 좋겠다.

후통을 돌아다녀 보라고 처음 조언한 원샤, 낯선 베이징 생활에 잘 적응한 아내와 딸, '아름다운사람들'이라는 좋은 출판사를 소개해 준 페이스북 친구 김희숙님, 흔쾌히 출판을 허락하신 서인찬 주간님, 예쁜 책을 만들어 준 편집자 최은정님께 특히 감사를 드린다.

이창구

| 도 | 움 | 받 | 은 | 책 |

중국 참고 문헌 ─────────────────────

『老北京』秦江濤, 星球地圖出版社
『中國文化要略』程裕禎, 外語敎學硏究出版社
『北京胡同』馬玲, 世界知識出版社
『北京胡同文化之旅』李明德, 中國建設工業出版社
『老北京胡同里的傳說』留岳, 中國文聯出版公司
『北京街巷胡同趣聞』張淑新, 民族出版社

한국 참고 문헌 ─────────────────────

『아리랑』님 웨일즈 · 김산 저, 동녘
『중국의 붉은별』에드거 스노 저, 두레
『궁금해서 밤새 읽는 중국사』김희영 저, 청아출판사
『약산 김원봉 평전』김삼웅 저, 시대의 창
『단재 신채호 평전』김삼웅 저, 시대의 창
『이회영 평전』김삼웅 저, 책보세
『이육사 평전』김희곤 저, 지영사
『중국에서 만나는 한국 독립운동사』윤태옥 저, 섬앤섬
『베이징 독립운동의 세 불꽃』서대문형무소 전시회 자료